ギバー・テイカー・マッチャー

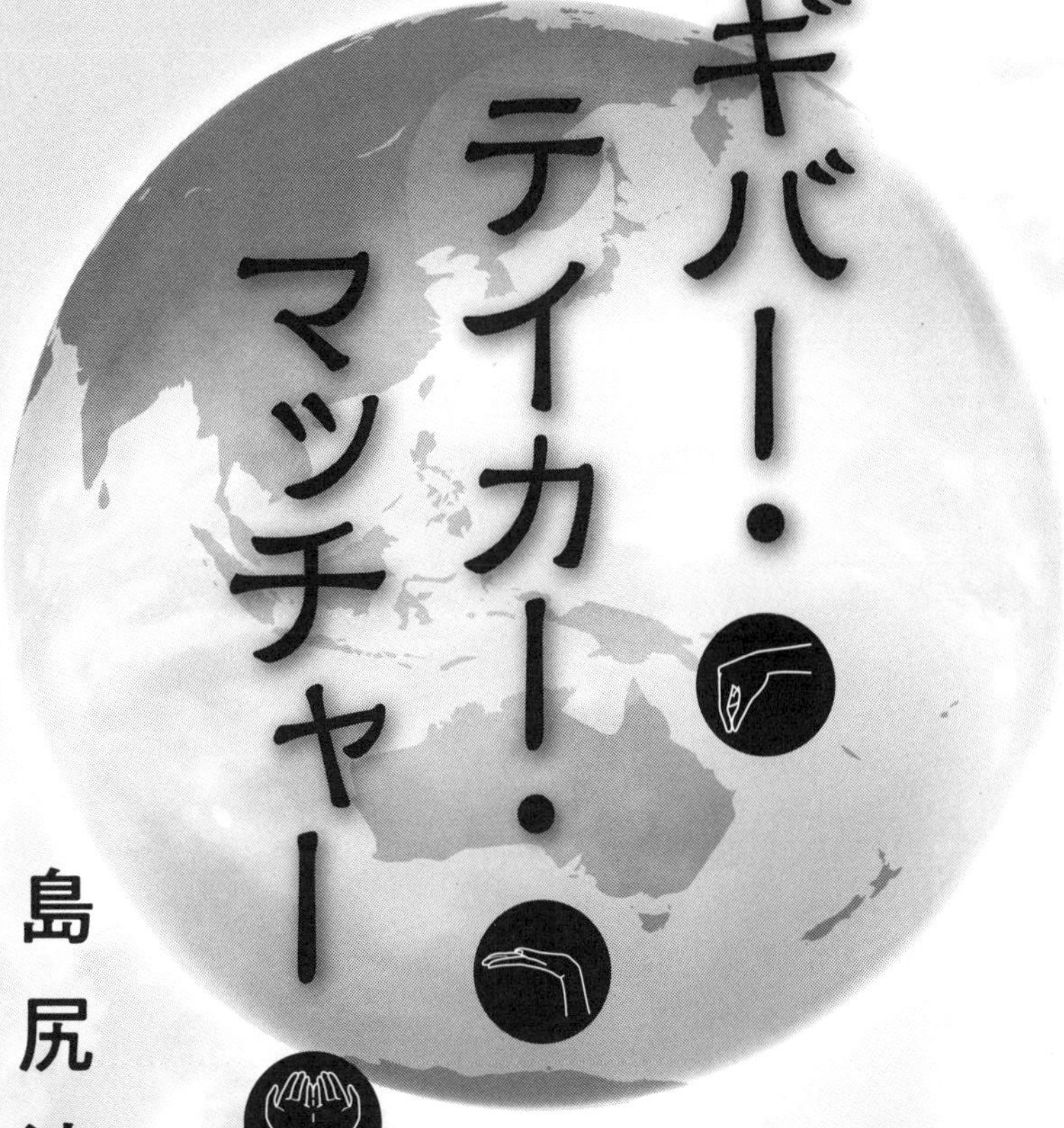

島尻淳

青林堂

はじめに

今、時代は大きく動いています。「地の時代」から「風の時代」になり、既成概念や価値観さえも変わってきているのです。

最近、「ギバー」「マッチャー」「テイカー」という言葉を耳にする機会も多いと思います。私自身もいろんなところで、この「ギバー」「マッチャー」「テイカー」という言葉を使って人の性質についてお話しする機会も増えてきました。この言葉は、アメリカの心理学者アダム・グランドが著書『GIVE & TAKE 「与える人」こそ成功する時代』で提唱したものですが、ビジネスで成功するのはどういう人なのか、また何が必要かを説いています。

これを私なりのスピリチュアルな視点から、ビジネスだけでなく人が生きていく上で大切なことは何かということを解釈すると面白い本ができるのではないか、と考えたのです。それがこの本を書くきっかけにもなっています。

人がより良く生きていくためには悩みはない方がいい。しかし、多くの人は悩みを抱えていますし、悩みの95パーセントが人間関係に起因しているという統計も出ています。なぜ人は対人関係で悩むのか、それは人が持って生まれた属性が関係しています。

人には持って生まれた魂の属性というものがあります。これは、どこの星から来ているのか、によって決まってきますが、その属性の特徴を考えると「ギバー」「マッチャー」「テイカー」のいずれかに分けることができるのです。

人類の人口は約78億人と言われていますが、必ずこの3タイプに分けられるのです。

私自身はプレアデス星から来ていますが、母も同じで「ギバー」の属性を持っていますが、父や兄は違っていて「テイカー」の属性です。それはDNAで決まるものではなくて、魂で決まっているのです。生まれながら魂で決まっているので、変わることはありません。

しかし人にはこうした持って生まれた特性の他に、能力の違いも性格を形成する要因となっています。この能力はある程度は生まれながらに備わっているものですが、人生の中でいろんな経験をして学んでいくことで変えていくことができるもので、この特性と能力によって人の性格や適性が決まってきます。

自分や人を知り、それぞれの性格がわかれば、相手に対してどう対応していけば良いのか、ということがわかるので人間関係は楽になるはずです。

本書では「ギバー」「マッチャー」「テイカー」という3タイプに分けられる人の特性と能力、これらのタイプの根源はどこからやってきているのか、そしてそれぞれのタイプの人への向き合い方などをお話ししていきたいと思います。

令和3年9月吉日

島尻　淳

目次

はじめに　2

第1章　人は持って生まれた特性と魂によって分類される　11

人には持って生まれた特性があり、ここから「ギバー」「マッチャー」「テイカー」のいずれかに分けられる
全ての悩みは対人関係の課題である
対人関係に苦しんでいるのなら、人の良いところを探そうとするのはやめること
まずは自分や他の人が「ギバー」「マッチャー」「テイカー」のどのタイプかを知ることが大切
「ギバー」「マッチャー」「テイカー」はこんな人

一番お金持ちになるのも一番貧乏になるのもギバーで、その違いは人が持つ魂が影響している
人の性質は本質だけでなくその能力によってさらに細分化される
これが上級のテイカー！　著名人に見る上級テイカーの言動とは
相手の気持ちを理解しようとしない中級や下級のテイカーには人間関係で苦労を強いられることもある

第2章

なぜ、「ギバー」「マッチャー」「テイカー」を見極めることが必要なのか

61
素質論をわかりやすくしたのが「ギバー」「マッチャー」「テイカー」
会社においての「ギバー」「マッチャー」「テイカー」の配置の仕方
有名人にはテイカーが多い

第3章　魂と「ギバー」「マッチャー」「テイカー」の関係　79
なぜ、「ギバー」「マッチャー」「テイカー」という3タイプに分かれるのか
時代によって求められるタイプが変わっていく
競争社会から個性を大切にした個々を高め合う社会へ
それぞれに果たすべき役割がある

第4章　「ギバー」「マッチャー」「テイカー」の相対関係　95
ギバーは草食動物、テイカーは肉食動物
「ギバー」「マッチャー」「テイカー」の相対関係
親子でもタイプが違うと相性が悪くなる　子育ても特性を活かすことが大切

第5章　よりよく人生を生きていくために必要なこと　113

相手を冷静に判断して見極めることが大切
ギバーは与え過ぎると破滅する　相手を見極めて与えるギバーが成功する
魂の鍛錬をしていかなければならない
「内面の才能」を大切にすること　感情に振り回されないこと
これからは波動が上がって次元上昇する時
これからは本物の愛と調和が求められる時代に

第6章　それぞれの特徴から上級を目指すには　141

タイプ別の上級への目指し方

おわりに　154

第1章

人は持って生まれた特性と魂によって分類される

人には持って生まれた特性があり、ここから「ギバー」「マッチャー」「テイカー」のいずれかに分けられる

人には、持って生まれた特性というものがあります。この特性は魂によってその大部分が決まっていて、本質的な部分は一生変わることはありません。

自分や他の人がどういった特性を持っているのかを知ると、相手に対してどんなふうに対応していけば良いのかということがわかるので人間関係がスムーズになります。人間関係に悩んでいるのなら、まずは相手がどんなタイプの人であるのかを知ることです。

私のもとには、様々な方が相談に訪れます。会社の社長をされている人

も多いのですが、

「この社員の人はギバーだけど仕事ができません」

「この人はテイカーだから、今は人より上になりたくて頑張っているけれど役職につけると働かなくなります」

「この社員の人はマッチャーだから、バランスをとりながらチームをとりまとめるリーダーに向いています」

というふうに、「ギバー」「マッチャー」「テイカー」というタイプごとにアドバイスを行うこともあります。人はその特性から「ギバー」「マッチャー」「テイカー」という3タイプのいずれかに分けることができるのです。

この「ギバー」「マッチャー」「テイカー」というのは、アメリカの組織心理学者アダム・グラントが著書『GIVE & TAKE』で提唱した概念です。グラントによると、ギバーは与える人、テイカーは奪う人、そしてマッチャーはバランスを考える人に分類することができる。これからの時代は他者志向の思いやりの発想とコミュニケーションが仕事の成功をもたらし、与える人、ギバーこそ成功する時代なのだ……というのです。

アダム・グラントが提唱した「ギバー」「マッチャー」「テイカー」とは、

【ギバー】「与える人」
●他人を中心に考え、与えることに対して見返りを求めることがない
☞エンジェル投資家がこのタイプになります。
●自分の時間やエネルギー、知識、アイデア、人脈を惜しみなく人と分かち合おうとする
☞積極的にチームのことだけを考え、動くリーダータイプ。
●人の利益のために行動することを心がける
☞みんなが喜んでくれることが自分の喜びになるタイプ。

●ギバーは２つのタイプに分けることができ、自分の利益に無頓着で人に与えるばかりで自分の利益を損なってしまう「自己犠牲型」と、自分の利益と他人の利益の双方をしっかり考え、受け取るよりは多くを与えながらもしっかりと他者からの還元を受け取り、自分の利益を損なわない「他者思考型」がある

【マッチャー】「バランスをとる人」

●ギバーとテイカーの中間の存在で、

与えることと受け取ることのバランスをとろうとする
☞常に中立でいたがり、その中に自分の居場所を見つけるタイプ。
●常に公平という観念に基づいて行動する
☞両方の意見を常に考えて行動をするタイプ。
●与えられなければ与えないし、何かを与えられたらきちんとお返しをしようと考える
☞与えられたら与え、奪われたら奪うタイプ。
●相手の出方に合わせて助けたり、しっぺ返しをしたりと、立ち位置を変えていく

【テイカー】「奪う人」
●与えるより多くを人から受け取ろうとする
☞与えること＝損をすると考えるタイプ。

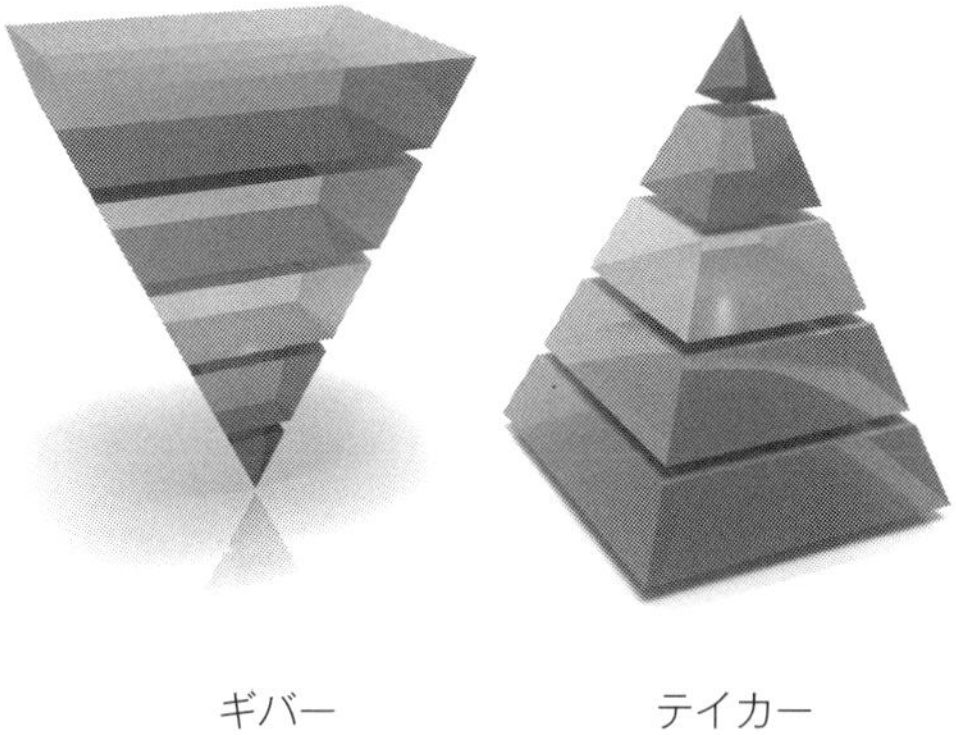

●自分の利益を優先し、自分が有益になるように持っていく

☞人をコントロールし、いかに自分が利益を得られるかを常に考えるタイプ。

●自分が成功するためには、人より上に立たなければならないと考え、競争社会の中で常に生きているのでとても用心深い

☞肉食動物のように弱肉強食を常に意識し、騙し騙されというような思考が強いタイプ。

そして、ビジネスにおいて一番成功するのは「他者思考型」のギバーで、一番失敗をするのは「自己犠牲型」のギバーである、とアダム・グラントは述べています。

グラントは「ギバー」「マッチャー」「テイカー」をビジネスという観点で考えているのですが、スピリチュアルな観点でこの3つのタイプを捉えてみると、より深いところで、人が生きていく上でのとても重要なことを人は知ることができるのではないか、と私は考えたのです。人は本質的な部分で「ギバー」「マッチャー」「テイカー」の3タイプのいずれかに分けることができます。それは、その人が生まれ持った特性であり、魂によってそれぞれのタイプは決められているのです。

全ての悩みは対人関係の課題である

人は毎日、ストレスや不安を感じながら生きています。それをうまく解消して楽しく過ごしていく人もいれば、こうしたストレスなどによって悩みを抱えながら生きづらいと感じて過ごしている人もいます。

「全ての悩みは対人関係の課題である」

これは、フロイトやユングと並んで「心理学の３大巨匠」と言われるアルフレッド・アドラーの言葉です。

現代社会の中で、多くの人は悩みを抱えています。老後の生活や自分や家族の健康、職場や家族、友人などの人間関係など原因は様々ですが、アドラーは著書の中で、こうした悩みには全て対人関係が原因である、と述べています。

お金がないと他者に迷惑をかけることがつらいと悩み、病気だと家族や職場の仲間に迷惑をかけることがつらいと悩み、老いると身体が不自由になるにつれて家族に迷惑をかけ、他者との関わりも少なくなるために悩む……そのため、対人関係の悩みによって人は苦しむのだといいます。

このことから、アドラーはまたこうも述べているのです。

「究極的には、われわれの人生において対人関係以外の問題は無いように見える」

「悩みをゼロにするには、宇宙でたった1人きりになるしかない」

アドラーが言う通り、対人関係の悩みがやはり多くて、私のところに持ち込まれる相談もやはり人間関係に関する悩みがほとんどです。これまでスピリチュアル・カウンセラーとして多くの人に接してきて私自身が感じるのは、人間関係に苦しんでいるのは「ギバー」タイプの人が多く、ほとんどが「テイカー」タイプと関わることでさらに悩みが深刻なものになっているケースが多い、ということです。これはビジネスに限ったことではなく、親子関係や友人関係、恋愛問題などプライベートな場面においても同じことがいえます。

たとえば「この人と関わると、いつも自分ばかりが損しているような気がする」「いつも自分が振り回されているので、とても疲れる」ということはあるのではないでしょうか。こうした場合、相手がテイカーであることが非常に多いのです。テイカーは自分が有利になるように動きますから、自分が損をする役回りになるような展開には持っていきませんし、自分のために人を利用することも得意なので、周りにいる誰かが「損をする」ことになります。うまくかわせるタイプなら問題はありませんが、相手のことを優先して考えるギバーはこの標的にとてもなりやすく、損をすることになるのです。

対人関係に苦しんでいるのなら、人の良いところを探そうとするのはやめること

ギバーは「与える人」という本質から、分け隔てなく人に与えようとします。相手が同じギバーや与えられれば返そうとするマッチャーなら自分の利益を損なうことも少ないのですが、その本質が「奪う人」であるテイカーに見返りを求めることなく与え続けると、自分の利益を損なっていくだけになってしまうのです。

☞ たとえるならホストクラブに貢ぐ女性のようなイメージです。

グラントが言うところの「他者思考型」のギバーの場合は自分の利益のことをしっかり考えるのでテイカーと関わっても大きく損なうことはあり

ませんが、見返りを求めず与えるばかりの「自己犠牲型」のギバーの場合はテイカーによって利益を全て奪われてしまうこともあり得るのです。

「できることは何でもしてあげたいし、それで他の人に喜んでもらえるのは嬉しい。けれど、何だかいつも自分ばかりが損をしているような気がする」という人は、この「自己犠牲型」のギバーなのかもしれません。

ギバーは人のことを優先して考えるので基本的には相手を思いやることができるとても「良い人」が多いと私は感じています。しかし、何か問題があった時も「今はこうだけど、きっとこの人には良いところがあるはずだ」と人の良いところを探そうとしてしまうのはギバーの欠点といえます。

わかりやすいテイカー

たとえば、ある人が毎朝早く

出社して、デスク周りを拭いているのを見て「お、やる気あるな！」と思うのは、人の良いところを探そうとするタイプの人です。この人を見て、たまたま朝早く起きる習慣があるから早く出社しているだけ、と思う人もいれば、本人が潔癖症だからデスクを拭いているだけ、と感じる人もいるものです。しかし、人の良いところを探そうとする人はこうは考えない。とにかく前向きに良いところ探しをしてしまうのです。

「人の良いところを探そうとするとその人は必ず不幸になります」と私はいつも話しているのですが、人間関係に苦しむ人の多くは、必ずこんなふうに人の良いところを無意識に探そうとしてしまうのです。これは、典型的なギバーの発想です。ギバーはどうしても相手の良いところが見えてしまうので、相手がテイカーだった場合、こうしたところにつけ込まれて騙されてしまうのです。

人間関係で悩んでいるのなら、相手の良いところを探そうとすることをまずはやめることです。そして、相手をシビアに観察する、ということを習慣づけて相手の行動で判断することです。まずは人をシビアに観察して、冷静に判断することが必要なのです。

また、悩みを抱えるギバーは人の良いところを探そうとするだけでなく、今地球上にはおよそ78億7５００万人の人がいますが、この人の数だけ、つまり78億以上のパターンの人が存在する、と考えているのです。だから、悩みが増えてしまうのです。「あの人にはこういうところがあって、この人にはこういうところがあって……ああ、いっぱいいたらわからない」と1人ひとり全てが違う人だと考えると、考えなければならないことが増えるのは当たり前です。もっとシンプルに考えればいいのです。

地球上に78億人以上の人がいたとしても、人のパターンは60通りくらいだと私は思っています。いろんな人を分析して、自分の中で整理していくと「この人はこういうタイプだから、この場合はこう対応しよう」とわ

将棋の図

かってくるので人間関係がとても楽になるはずなのです。

相手がここに歩を置いたら、ここからの最善手は数手しかないと、将棋有段者は知っているのです！

対人関係に悩んでいるのなら、まずは無意識に人をよく見ようとする習慣をやめること。人を見極める習慣をつけることが大切なのです。

まずは自分や他の人が「ギバー」「マッチャー」「テイカー」のどのタイプかを知ることが大切

人は必ず「ギバー（与える人）」「マッチャー（バランスをとる人）」「テイカー（奪う人）」という3タイプのいずれかに分けられますが、どのタイプにも良いところがあれば、悪いところもあります。欠点のない人なんて、この世にほとんど存在しませんから、それぞれの特性を理解して、付き合い方を考えていけばいいのです。

そのためには、まずは「ギバー」「マッチャー」「テイカー」のどのタイプであるかを知ることですが、それぞれのタイプを見分けるにはその言動をしっかりと見ることです。

たとえば、タクシーに一緒に乗った時の降りる間際の行動などが観察しやすいでしょう。タクシーから降りようとしている時に、先に「タクシー代、私が払いますから」と言うと「ありがとうね〜♪」とサッと降りる人はほとんどがテイカーです。「いえ、私が払いますから!!」と言うのはギバー、そして「じゃあ、次は私が出します!!」と言うのはマッチャーのタイプです。

ギバーは相手のことを考えるので、このタクシーの料金についても「相手にお金を出してもらうのは申し訳ない、自分で出さなければ」と行動するのです。テイカーは「出してもらうのは当然」と考え、マッチャーは「ここの料金は出してもらったんだから、次は自分が出して貸し借りなしにしよう」とバランスをとろうとします。

また、一緒に食事をしようという話になって、私はハンバーグ、相手は和食が食べたいと意見が分かれた時など「じゃあ、和食屋さんにしようか」と言うのはギバー、そして「気持ちはわかるけど、ハンバーグよりやっぱりヘルシーな和食屋の方が体に良いと思うし、あなたのことを考えて和食屋さんにしてあげるね」と言うのはテイカー、また「それならハンバーグも和食も食べられるファミレスにしましょう」と言うのはマッチャーです。

この場合、ギバーは自分の意見より相手の意見を優先しようとしています。テイカーは自分のことが優先なので、相手の気持ちより自分の意見を通そうとし、マッチャーはお互いの意見がうまく折り合うところで調整しようとするのです。

もちろん、必ずしもそうだとは言い切れませんが、こうしたちょっとした行動にもそれぞれのタイプの特徴が表れます。

このように「与える」という本質を持つギバーは、自分が得た利益や財産などを人に与えようとし、自分のことより他の人のことを考えて行動するので、人から好感を持たれやすいのです。ただし、考えすぎてうまく人に利用されてしまう人も中にはいます。

「奪う」という本質を持つテイカーは、自分のことを優先するので、自分の気持ちに対してある意味とても素直。言いたいことをはっきり言うので、人から羨ましいと思われることもありますが、相手の気持ちを考えないので、人から嫌われることも多いのもこのタイプです。

マッチャーはお互いに損得がないようにバランスを考えようとします。人に合わせるのが得意なのでみんなの意見をうまくまとめてくれる存在ですが、人に合わせすぎて八方美人と思われる人もたまにいます。

このことから、ギバーとテイカーは「与える」「奪う」の関係から、与えたい、何かをしてあげたい、と思うギバーの好意を素直に受け取るテイカーは一見すると相性が良いように思えますが、お金絡みのトラブルなども発生するケースも多く、長くは続かないことが多いのです。男女関係などで男性でも女性でも相手に貢いでいる人がいますが、これも「ギバー」と「テイカー」の関係で、貢ぐとまではいわないまでもデートの時などに一方だけがお金を出すカップルにも同じようなことがいえます。

私の知り合いのギバーの方でとても良い人がいるのですが、北海道へ行った時に空港でものすごい量のお土産を買っているのを見かけたことがあります。私が「そんなにお土産買ってどうするのですか？」と聞いたら「みんなにあげるんです」と。1人でそんなに買ってどうするのだろうと思って見ていたら横に彼女らしい女性がいて、その彼女の分もその人が全て支払いをしていたのです。これを眺めながら「この彼女、テイカーだなぁ」とわかりました。相手がお金を持っていたらどんどん使わせるのもテイカーの特徴なのです。

お互いの関係が良好であれば、こうしたギバーとテイカーの関係も1つのカタチではあるのですが、それが原因で悩んでいる、苦しんでいる、というのであれば、ギバーの人は、テイカーと関わらないことです。

まずは、自分や他の人がどういったタイプの人なのかを知ることが、人間関係を考えていく上でとても大切なことなのです。

「ギバー」「マッチャー」「テイカー」はこんな人

ギバーは基本的に相手の立場に立って行動するため、会話などの際は相手の話をしっかり聞いてから発言し、謙虚で「人が良い」と言われる人が多いのが特徴です。人に対して分け隔てなく与えるという性質がありますから、人によって態度を変えることはなく、相手が権力者や立場のある人でもそれは同じです。ただし、人に対する執着心がないので、誰とでも分け隔てなく人付き合いができる一方で、自分に合わないな、と感じると適度に距離を置いたり、付き合いそのものをやめて関わらないようにしたりすることもあります。

マッチャーは状況に応じて合わせるのがうまいのが特徴です。相手の立場や地位で自分の立ち位置を考えて対応を変えることはあっても、テイカーのようにあからさまに態度を変えることはありません。状況に応じて対応を変えることができる柔軟さがありますが、意見が定まらない「日和見」的な人も中にはいます。

それに対して自分にとって利益になると思う相手とそうでない相手に対する態度が全くといっていいほど違うのがテイカーです。テイカーの中にも人当たりの良い人もいるのですが、常に自分が優位になるように話を持っていこうとします。

また、テイカーは自分のことを優先し自分の感情に素直、つまりは自己愛が強いので「人から良く思われたい」「人から価値のある存在であると認められたい」という承認欲求が強い人が多いのも特徴です。人からどう見られているかを極端に気にするので、外見をとても重視します。この他、自慢話や過去の武勇伝を話したがったり、フェイスブックやインスタグラムにアプリで加工した自撮りや自分の素敵な暮らしぶりをアップしたりするのもテイカーに多いタイプです。女性の場合は、メイクの濃い人もテイカーである可能性が非常に高いです。「メイクを落としたら、もはや別人……」というタイプはテイカーの人に多いのです。

また、テイカーは成功するためには上へ上へとのし上がって行こうとするので、権力、地位や名誉を欲します。自分の地位や名誉のためには人を踏み台にすることも気にしませんし、地位や名誉のある人に取り入ることで「自分はこんな人と知り合いだからスゴイのだ」というアピールもしたがるのもテイカーの特徴といえます。

これはある議員とランチで一緒になった時に「へー……スピリチュアルの方ですか」と、その時はそれだけでした。ところが、別のパーティで会う機会があって、その時、会社の代表者の方に「島尻さんはものすごい人で!!」と褒めていただいた後、その議員は私のところに腰を低くしてきた

のです。交流会の時とは別人か、と思えるほど笑顔で挨拶をされたのですが

（島尻）「あれ？　この前お会いしましたよね？」

（議員）「え？　そうでしたかぁ？　もう一度名刺交換をさせてください。相当有名な方なのですね。ぜひ、これから仲良くしていただきたいものです。お知り合いに同じ区民の方がいたら、何卒よろしくお願い致します」

相手の立場によって、態度を明らかに変える……大変失礼な人だとは思いましたが、これがテイカーなのです。

また、テイカーは人から奪うことは得意ですが、人から奪われることが怖いので非常に警戒心が強い傾向があります。物事に対して慎重……ともいえますが、自分や自分の利益を一生懸命守ろうとします。

一番お金持ちになるのも一番貧乏になるのもギバーで、その違いは人が持つ魂が影響している

グラントが述べているように、一番成功をおさめてお金持ちになるのはギバーですが、テイカーにつけ込まれて利益を奪われて一番貧乏になってしまうのもギバーです。ギバーの中には大企業の社長となって成功する人もいるのですが、自分のことより他の人のために与え続けていくため、全てを奪われて破綻しやすく、経営に向かない人が多いのもギバーなのです。

ギバーは自分が得た利益や財産はもちろん、知識や人脈、時間など……自分が持っているものを人に与えて共有しようとします。知識を共有することで自分だけでは知り得なかった情報が手に入ったり、新たなアイデア

が出てきたりするものですし、人脈もさらに広がっていきますから人やモノが自然と集まってきます。それがさらに利益を生み出し、また人に与える。これを繰り返すことで大きな利益を手にすることになるわけです。

　もちろんギバーも人ですから時には失敗することもありますし、いくら大きな利益を手にしたからといっても無限にあるわけではありません。しかし、ギバーの中には自分がどんな状況でも際限なく与えてしまい、全て

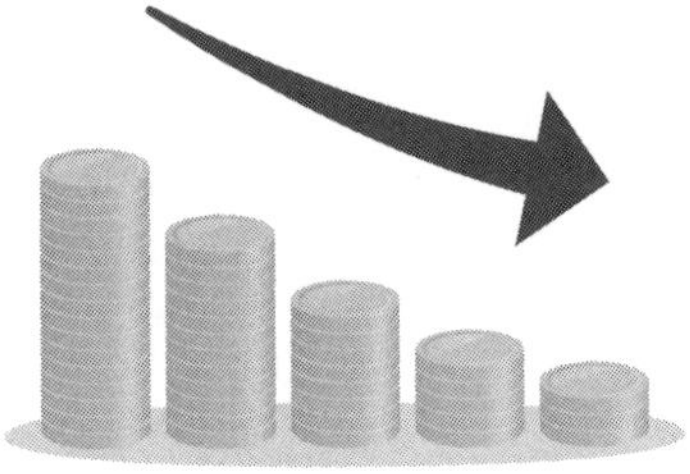

与えすぎるギバーの場合

与える人を厳選したギバー

を失って破綻してしまう人もいるのです。

本質的には同じギバーでありながら、どうしてこんな大きな差が生まれるのか。それは、それぞれの人が持つ能力の違いなのではないか、と私は考えます。

この能力の違いは、脳が関係しています。思考・行動・記憶・感情などを司る脳は、厳密にいうと2つあって、それぞれ頭と心の中に位置しています。

テイカーは頭の部分の脳のキャパシティが高く、心の部分は低いのです。テイカーは頭が良く、非常に能力が高い人が多いのはこのためです。一方、ギバーは心の部分のキャパシティが高く、頭の部分が低いのが一般的で、マッチャーはそれぞれをバランス良く持っています。

こうした生まれ持った本質とこの能力によって、「ギバー」「マッチャー」「テイカー」は定義づけられるのではないかと思うのです。

ギバーが自分のことよりも他の人のことを考えて行動するのは、心の部分のキャパシティが高いから。人に与えるという本質を持っているので相手から見返りを求めることなく、他人に与える傾向があります。基本的に「良い人」なので、人から好かれることが多いのです。

テイカーの本質は「奪う」こと。自己愛が強いためであり、自分のことを一番に考え、自分の利益のためだけに行動をします。頭の部分のキャパシティが高いため、頭の回転が早くて口がうまい人が多く、他の人の利益や財産などを巧みに自分の利益のために引き出す（奪う）能力に長けているといえます。

マッチャーは、ギバーとテイカーの中間の存在。頭と心の部分のキャパシティを両方持っているので、状況に合わせて他の人のためにも自分のためにも行動し、他の人から何かを与えられたら同等の価値のものを返してバランスをとろうとします。

人の性質は本質だけでなくその能力によってさらに細分化される

生まれ持った本質である「ギバー」「マッチャー」「テイカー」というタイプは、魂によって決まってくるので生涯変わることはありません。しかし、人の性質は本質だけで決まるわけではなく、その能力によって変わってきます。

ギバーは心の部分のキャパシティが高く、頭の部分が低いのが一般的ですが、ギバーの中にも頭の部分のキャパシティも高い人もいます。また、頭の部分の脳のキャパシティが高いとされるテイカーの中にも、頭の中の部分が低い人はいるのです。人の性質とは本質部分だけでなく、その能力

横軸と縦軸の図

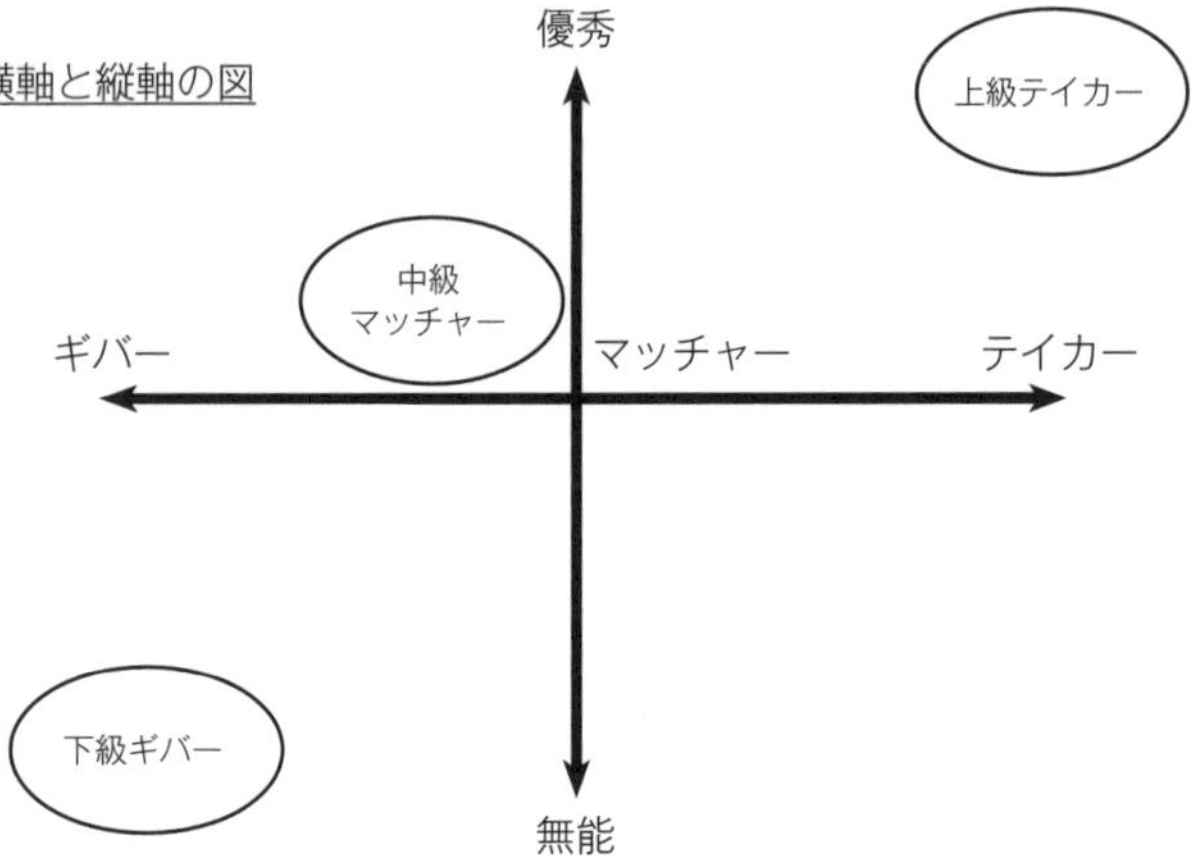

によってさらに細分化することができます。

私はよく「横軸、縦軸」と呼んでいますが、図表に書いて表すと、生まれ持ったタイプが横軸、その人が持つ能力が縦軸になります。

縦軸にくる能力とは脳のキャパシティのことで、生まれ持った素質が影響しますが、その後の経験や魂の鍛錬によって変動することがあり、この能力の違いによって上級、中級、下級というクラスにそれぞれ分けることができます。いずれのタイプも上級クラスは能力が高いので仕事ができる人が多く、クラスが下がるほど仕事に対する能力は下がってきます。ギバーだから仕事ができる、マッチャーはうまく仕事をこなす、テイカーだから手を抜く……ではないのです。

マッチャーの中にも仕事ができる人もいれば、手を抜く人もいますし、ギバーだったら仕事が遅いとか全然上がってこない、という人もいます。ギバーでも下級クラスになると一生懸命やるけれど、本当に仕事ができない人もいます。「ギバーだから」「マッチャーだから」「テイカーだから」という横軸だけで決めるのではなく、縦軸と組み合わせて判断することも大事なことなのです。なぜなら、頭と心の部分のキャパシティがともに高い上級のテイカーと上級のギバーにとても似ていて、一見するとわからないこともあるからです。

上級のテイカーは必要だと感じた場合はギバーのように人に自分の利益

を与えることもあります。しかしギバーとの大きな違いは、その行動の根底にあるのが「人のため」ではなく「自分のため」である、ということ。縦軸と横軸を組み合わせて、どのタイプであるかをしっかりと見極めることが大切なのです。

ギバーは心の部分のキャパシティが高いので、感性が鋭い人が多い傾向があります。美しいものを好み、クリエイティブな職種の人が多いのもギバーの特徴の1つで、職種としてはデザイナーやアーティスト、音楽家や写真家、美容師やエステティシャン、人に与える性質から看護師などが挙げられます。漫画家もギバーに多い職業です。

上級のギバーは世間の流行に敏感で、人々が求めているものを察知する力を持っているので「売れている」人や会社の社長が多く、社会に対する影響力も持っています。

中級のギバーは社会に順応していて人も良いです。看護師などの職業に就く人が多く、上級のギバーのように社会に影響を与えるとまではいかないまでも、自分が持っている能力を生かして、人に貢献しようとします。

「人は良いけど、仕事ができないんだよね……」と言われるのが下級のギバーです。一生懸命仕事に取り組むものの、上級のギバーのように人が求めているものを感じ取る力が少ないので、成果がなかなか上がらないこともあります。売れていないアーティストなども下級のギバーの方が多いように見えます。

テイカーは頭の部分のキャパシティが高いので、頭の回転が早く高い能力を有する人が多いのですが、その本質から利益や力を自分のものにしようとするため、地位や名誉を欲し、大きな利益を得ることができる職種に就く傾向があります。政治家、不動産・建設業、画廊の他、ホステスやホストなどの水商売をしている人が多いのがテイカーの特徴といえます。

上級のテイカーは一見すると上級のギバーとわかりにくい、という特徴があります。必要だと感じた場合はギバーのように人に自分の利益を与えることもあります。しかしギバーと大きく違うのは、他の人に与えようとする時には自分が与えた以上の利益を見返りとして求めようとすることです。

また、人の評価や見栄を重視するのもテイカーの特徴ですから、人に良く思われたい、という気持ちから媚を売るためにギブすることもあるので、一見すると上級のギバーに見える人もいます。上級のテイカーは頭の回転が早く、人心掌握術に長けているため、政治家や不動産業、画商といった職種が多いのが特徴です。高級クラブのママや人気のあるナンバーワンホストは上級のテイカーが多いです。

中級のテイカーは、自分がテイカーではなくギバーであると勘違いしている人も多いです。そこそこの人気のホステスやホスト、議員の私設秘書などは中級のテイカーに多いタイプです。上級のテイカーのように先行投資をして人に与えることはしませんがお金や権力、地位や名誉に対する嗅覚は優れている上に媚を売るのがうまく、相手が持っているものをたくさん奪おうとします。

下級のテイカーはサラリーマンが多くマッチャーに似ていますが、職場で同僚や部下に対してパワハラやセクハラをしている多くは下級のテイカーです。深く考えることや人の気持ちを察することが苦手で、自分の感情や思いつきで行動をして人に不快感を与えたり、トラブルを起こしたりすることが多いのは下級のテイカーです。

わかりやすいテイカーの図

マッチャーはバランスを重視し、自分が働いた労力に対して同等の報酬を求めます。リスクマネジメント能力が

高いので自らが事業を起こして大成しようと考えるより安定を求めるので、サラリーマンに多いタイプです。

上級のマッチャーはリスクマネジメント能力が高く、仕事ができるので雇われ社長が多く、組織に対して利潤をもたらす力を持っています。

中級のマッチャーは状況に合わせて考えや行動を変える柔軟性を持っています。大手企業の管理職などに多いのは中級のマッチャーだといえます。

下級のマッチャーは安定であることを一番に考えるタイプです。ただし仕事はそれほどできない人が多く、一生懸命働いて高給取りとなるより、うまく手抜きをしながら定年まで無難に勤め上げる人もいます。

このように、同じタイプでも持っている能力が違うことでその人の性質は変わってくるのです。中でも人間関係に苦労しているのは下級のギバーが多く、そこに多くはテイカーである存在が関わっています。ギバーは人に与えることが本質なので損をすることが多い中でも、際限なく与え続けて毎回損をしているのは下級のギバーなのです。

その点、上級のギバーになると与える相手を選んで与え過ぎず、テイカーを見極めて関わらないようにしようとします。成功するギバーと失敗するギバーには、ここが大きく異なるのです。

これが上級のテイカー！　著名人に見る上級テイカーの言動とは

上級のテイカーは上級のギバーにとてもよく似ていて、一見するとギバーだと思ってしまう人もいますが、そんな上級のテイカーの中でも最上級、といえるのが田中角栄元総理です。

当時最年少で総理大臣に就任した田中角栄元総理は「天才」と言われるほど頭が良く、人心掌握術に長けていたと言われています。これはまさに、テイカーの特徴を表すものです。

田中角栄元総理には上級のテイカーだとわかる、様々なエピソードが残されています。

自らの派閥である田中派の若手議員が、女性問題のトラブルを解決するために多額のお金を用意しなければならなくなったことがありました。

どうしても１００万円足りず、困っているところに田中角栄元総理は「お前、金に困っているのか」と聞かれたので、「はい」と議員は答え、その後、議員を呼び出しました。

目の前にあるお金は３００万円が置かれていました。

そして田中角栄元総理はこう言います。
●１００万円ですぐにトラブルを解決すること
●１００万円でこの件で世話になった人にご飯を奢ってお礼をすること
●残りの１００万円は万が一のトラブルのために取っておくこと
●このお金は返さなくていい
こう伝えたのです。

これを手にした議員は涙を流して感謝し、後々まで忠誠を守り通したといいます。

また、信濃川河川敷の住民が洪水に苦しめられていたため、田中角栄元総理は「それならこの土地を買い取ろう」と提案。住民はおよそ4億円で田中角栄のファミリー企業に満足のいく値段で土地を買い上げてもらったことに感謝し、他の土地へと移り住んで行きました。

ところがその後、この土地は建設省によって堤防や橋が建設されたことで価格は時価数百億円に。堤防や橋の建設工事もファミリー企業が請け負ったことから、田中角栄元総理は莫大な資産を手に入れることになったといわれています。

これが国内だけでなく海外メディアにも「田中金脈問題」として大きく取り上げられることになった「信濃川河川敷問題」ですが、こうしたことがきっかけとなり田中角栄元総理は総理大臣を辞職、その後「ロッキード事件」で逮捕されることになるのです。

上級のテイカーの特徴は奪うだけでなく、はじめは与えようとするのです。ここが上級のギバーとよく似ているのですが、最終的には与えた分より大きなメリットや利益を得るための媚を売っているだけなのです。前出の2つのエピソードはギバーのように見返りを求めず、ただ与えるだけ……ではなく、しっかりその後に自分の利益として回収しているのです。

田中角栄元総理の語録の中に「政治は数、数は力、力は金なり」というものがあります。「数は力なり」という信念のもと、最盛期は約140人の国会議員が所属していた田中派ですが、この数の力を得るために金の力を使って忠誠を尽くす派閥議員を増やしていったといわれますが、1つ目のエピソードはこうした派閥議員を手なずけて自分に尽くす手下を増やしていっただけなのです。

そして2つ目は「住民のため」と言って土地を買い上げ、後に莫大な資産を手に入れています。まずは相手に与えて、その元手よりはるか多くの利益を手にする、というのは上級のテイカーのやり方なのです。

ただし、誤解がないようにお伝えしますが、もちろん田中角栄元総理は、多大な功績があります。


今回はわかりやすく伝えているので、田中角栄元総理の悪口が言いたいわけではないので誤解がないようにお伝えしておきます。

ただし、こうした上級のテイカーは、その行動力や言動が大胆で、普通の人にはできないことをやってしまうことがあるので、憧れの存在と言われる人も多いのです。

たとえば、著名なIT実業家がこのパターンです。

その実業家の場合は、その言動がテイカーの特徴をよく表しています。

新幹線に乗車していた時、前の座席の人がシートを倒す際に気を使い声がけしたところ「いちいち聞いてくんなよ！　俺の時間を奪うな！」と答えた、と自らのツイッターで明かしています。普通に「どうぞ」と言えば良かったのではないかと思うのですが、こうしたことを言ってしまうのがテイカーなのです。

また、飲食店に来店した際、その中の1人がマスクをしていなかったことから、店側から「マスクを着用しないと入店できない」と言われて押し問答に。最終的には店主から入店を断られたことを自分のフェイスブックで明かしたことから、その店舗は来店者が減ってしまう事態になってしまうことになります。

両方の出来事も本人の言い分があったとは思いますが、相手のことを考えず、自分の感情をそのままにぶつけ、それをわざわざＳＮＳで公表してしまうのはテイカーの特徴です。そうした言動をＳＮＳで見て多くの人が「いいね！」をするのは、自分では思っていてもやれないことを堂々とやってしまう姿に憧れてしまうからかもしれません。

しかし、同じＩＴ企業のトップで世界でも有数の資産家である孫正義氏はマッチャー。ビジネスで成功をした人の中では珍しいタイプといえます。

相手の気持ちを理解しようとしない中級や下級のテイカーには人間関係で苦労を強いられることもある

テイカーである人の行動の特徴は、

- 人の話を聞かない
- 自分の話ばかりをしたがる
- 相手の立場で接し方を変える
- 権力に媚びる
- 外見が大切で自撮りが好き
- 見栄を張る

●人からの評価を気にするので話を盛ったりする
などが挙げられますが、ここで私がテイカーだと思っている人の話を紹
介します。

あるパーティで、ホストに手土産を渡した時のことです。「ありがと
う」といった後に少し沈黙した彼から出た言葉は「……あー……がっか
りだ。これならいらないから」だったのです。私は思わず、心の中で
「えーっ！」となりました。

テイカーの人は、自分の言葉で相手がどう考えるのか、ということがわ
からない人が多いのです。「普通の感覚だったら、こんなことは言わない
だろう」ということを平気で言えてしまうのがテイカーなのです。彼自身
は自分のことをテイカーではなく、ギバーだと思っているようですが、こ
ういう発言をするのはギバーではなく、テイカーの証拠です。わかり合え

ないな、と感じてしまった瞬間でした。

しかし、本人は人が傷つくポイントを理解していないので、なぜ人から嫌われるのかをわかっていません。テイカーは自分の気持ちを優先させて、相手の気持ちを察するということをしませんから、関わることで我慢を強いられることもあり、ストレスを感じる人も少なくないはずです。こういったテイカーに関わることで、我慢を強いられている下級のギバーも対人関係で苦しむことが多いのです。

人間関係が苦しい、生きづらいと感じている人は、その相手がテイカーなのかをまずは疑ってみることが必要です。疑う、というと悪いことだと感じてしまうかもしれませんが、決してそうではありません。私自身はまず人に初めて会ったら、相手がどんな人か疑ってかかります。疑ってみることで、相手を冷静に見ることができるのです。私の場合は、相手がテイカーだな、と感じたら、相手が上級か中級か下級かを見極めてから対応をするようにしています。

ただし、テイカーに慣れていない人だとなかなか判断も対応も難しいかもしれません。そうしたら、相手がテイカーであると思ったら、まずは関わらないようにすること。そうすることで心の負担が軽くなるはずです。

第2章

なぜ、「ギバー」「マッチャー」「テイカー」を見極めることが必要なのか

素質論をわかりやすくしたのが「ギバー」「マッチャー」「テイカー」

「ギバー」「マッチャー」「テイカー」はジャンケンと同じ

今回の「ギバー」「マッチャー」「テイカー」の話を本にするに当たり、大事なことは、素質論というものが世の中には多くいわれています。

たとえばわかりやすくしたものが動物占いといわれているものです。

そして、私は、動物占いという観点をスピリチュアルの観点から見た中で、よりビジネス的にわかりやすく伝えたかったのが、この「ギバー」「マッチャー」「テイカー」です。

「ギバー」「マッチャー」「テイカー」という3タイプに人は必ず分けら

れるということです。

対人関係で苦しむ多くの方が、この「ギバー」「マッチャー」「テイカー」という分類に分けられてないことがポイントです。私はこれを霊感を使って視ていますが、霊感を使わなくても、ある程度分類が可能です。

誰がギバー、誰がテイカーかを簡単に見極めることができれば、奪われたり与えすぎるということがなくなると思います。そして、人の言葉に振り回されるのではなく、その人の本質を見極められれば、より、振り回されなくなると思います。

余談ではありますが、中国では、人に気安く生年月日を教えないという話があります。これに関してはどういうことかというと、生年月日で四柱推命を見れば、ある程度、人がわかるということからきています。そして、詐欺師であればあるほど、自分がもしテイカーならよりごまかすために、ギバーの生年月日を伝えてわからなくするのではないでしょうか。

私がお客様のリピーターが90パーセントの中で、上場企業のコンサルをさせていただいてるのですが、写真を見ただけで、「この人はこうですよ！」と言うと、「えっ！　知ってる人ですか？」と言われることが多くあります。それくらい霊視を使っての「ギバー」「マッチャー」「テイカー」の話の正確性が高いからです。

そしてその私の霊視からの「ギバー」「マッチャー」「テイカー」をわかりやすく伝え、それを日常生活に皆さんが落とし込めるようになれば、職場、家庭環境、なども劇的に改善すると思ったからです。

ですが、霊視を使わなくてもその方もやっぱりこの人はテイカーだよね!!　ということがわかっているように、構造からテイカーをある程度把握することも可能です。そして、私が取り組んでいることとして、面接で質問に対しての答えが、このような答えが返ってきたら、テイカーです。

というリサーチ方法があるので、それを伝えていきたいと思います。

歴史などを見ていても、ギバーやテイカーはよくわかります。

有名な歴史上の人物であれば織田信長は、テイカーだと思います。

鳴かぬなら切ってしまおう……この切ってしまうのは、テイカーの特徴であり言葉です。経営者がすぐに社員を解雇してしまうのもテイカーの特徴です。逆に徳川家康は〝鳴かぬなら、鳴くまで待とうホトトギス〟という、この待とうという言葉を使っていることからギバーなのではと判断ができます。

三国志というものがありますが、三国志の中で、三国に分けられたから三国志なのですが、劉備玄徳という方が〝蜀〟という国を治められました。

この方は、ギバーではないかなと見ています。有名な話で劉備玄徳が三顧の礼というのをしました。

目下の人に対して、3回礼を尽くしたということから始まります。

諸葛亮孔明という中国で一番頭が良いといわれている方がいますが、この方に3回会いに行ったというのがあります。

諸葛亮孔明《しょかつりょうこうめい》に軍師になっていただきたかった(今でいう、企業の顧問の位置)ので、1回目に訪問をしたらお出かけをされていました。2回目は旅に出ており、手紙を残しました。3回目はお昼寝をしていましたが起こさずに起きるまで待っていました。

諸葛亮孔明が起きて出てこられた時に、言いました。

「お話にはよく聞いておりました。しばらくお待ちいただけたこと、心遣いに感動しました。あなたみたいな素晴らしい人格者の仲間になりましょう」と仲間になるのです。

このように相手のことを思いやれるというところがギバーの精神です。

今でいう天皇陛下のような方にお待ちいただけて、そして素晴らしい気遣いに諸葛亮孔明は感動したのではないでしょうか。
昼寝をしていても起こさない、それくらいあなたに敬意を払っておりますというのが通じたのではないでしょうか。

これがテイカーですと、俺が偉いのだからお前は仲間になれ!!　いくら欲しいんだ!!　金ならいくらでも出す!!　ということになります。
これが三国志というと曹操の立ち位置になるのではないでしょうか。

そして、私がこの「ギバー」「マッチャー」「テイカー」を繰り返し語っていますが、これを見分けることは、人生を生きやすくするために必ず必要なことです。

ジャンケンをたとえとして出しています。

ジャンケンを普通にしたら勝てるか、勝てないかは偶然になります。
《運の要素が強い》
わけですが、これが相手がグーを出すとわかっていたら……
100パーセント勝てますよね!!
対人関係がまさにこの理屈なのです。
テイカーだからこの言葉が欲しいのですよね。
ギバーだからこうされたら嬉しいのかな。
マッチャーだったらこういうふうに接してあげたらいいのかな。

このように分けられれば対人関係は怖くなったりは一切しないのです!

学生であれば、先生がどのタイプなのかがわかれば先生とのコミュニケーションがとりやすくなります。

たとえば、テイカーの先生であれば、必ず、上からものを言ってきます。そして、自分に媚びる生徒には優しくし、反抗する生徒には徹底的に厳しくします。

これがテイカーの気質だからです。

マッチャーの先生であれば、生徒と親子関係をうまく保ちながら、自己主張はあまりせず、当たり障りのない先生になるのではないでしょうか。

そして、社会の中でも大きく使えます。

上司がテイカーであれば、やはり上司を立てながら、仕事を進めていくのが良いですし、ギバーの方であれば、基本的には、仕事はそこまでできなくても人が良い。マッチャーの上司はバランスをとってくれるのではないでしょうか。

家族関係にもつながっています。親がテイカーである場合は言うことを聞くふりをしてなければ、必ず上から押さえ込んできます。ひどい場合はDV、家庭内暴力に発展することもあるのではないでしょうか。ギバーの方は、人は構いませんが、社会で生きていくための教えが少なくなり、マッチャーはバランス良く育ててくれるのではないでしょうか。

このように「ギバー」「マッチャー」「テイカー」はいたるところに存在をしています。人生を生き抜く中で、これが今後の社会の教科書となれば人生を形成しやすくなるのではないでしょうか。

私がこの「ギバー」「マッチャー」「テイカー」を書きたかったのは、アダム・グラントの理論に、私なりのスピリチュアルの観点を加えたかったからです。なぜ「ギバー」「マッチャー」「テイカー」が生まれるのかというと、それは生まれた瞬間から地球にきたときの星が違うという事実を伝えたかったからです。

そもそもの魂が生まれた瞬間から決まっていて、変えられないものなのです。

モノの価値観の話

人類は約78億人いますが、このモノの価値観が3タイプかで大きく捉え方が変わります。

先日相談を受けた方から、離婚の悩みを相談されました。

相談相手の女性はギバー、旦那さんはマッチャーのテイカーよりの方です。

この場合、旦那さんが浮気をして浮気相手はテイカーの女性でした。

相談してきた女性はギバーなので、浮気を認めてくれるなら、お金をたくさん払ってくれたらいいよと駆け引きをしないギバーの意見を持たれています。

しかし、旦那さんはお金を払いたくない。そしてこれをコントロールしているのは浮気相手の女性。ゆくゆくこの男性と結婚したい浮気相手女性。

私はその女性に
「ダメですよ。駆け引きしないと!! あなたがギバーで駆け引きをしないのはよくわかりますが、テイカーの方には、嫌がらせをしないとこの出来事は終わらないからです」と伝えました。

そして、このギバーの奥様が苦しんでいる理由は、相手をきちんと見れていないこと、そして人間としての良い価値観が強いということです。きちんと話せばわかってくれるというのはギバーの特徴です。ギバー同士なら良いですが、テイカーには伝わらないのです。

テイカーは相手から奪うということに対して、理由をつけそれを正当化しようとする癖があります。

たとえば、夜のお仕事のお話ですが。一緒にお酒を飲んで10分で仮に1万円だったとしましょう。お金を払うとします。

ギバーの方はそんなにいただけませんと……しかし、テイカーは「私が一緒に飲んだのだから良かったね」と喜んでお金を受け取っていきます。

少々のことでも多大に相手に尽くしてあげたと思っているのが、テイカーの特徴になります。

相談の時、「私はギバーですよね？」と言うテイカーの方がとても多くいらっしゃいますが、テイカーは基本的に与えないのに、少し与えただけでも過剰に与えたと勘違いして、ギバーだと思い込んでいる場合が多いです。

逆にギバーは自分をギバーだと思ってない方が多いのです。

与えることが当たり前だから、ギバーは自分をギバーと思わないわけです。

たとえば、2人でいる時にケーキが1つしかないとした場合に、ギバーなら「私が食べたい!!」とか「お腹いっぱいだからいらない！」という素直な発言をします。しかしテイカーは、「最近あなた太ったんじゃない？」「そろそろダイエットしたら？　私が食べてあげるよ!!」などと相手のことをいかにも考えていますという言葉を発するのが特徴です。

会社においての「ギバー」「マッチャー」「テイカー」の配置の仕方

３タイプは様々なところに存在しますが、基本的に、テイカーは役職を持たせると人をマウントする癖があるため、部下の離職率が上がってしまう傾向にあります。部下をやめさせたくなかったら、テイカーを上司にするのではなく、個々の能力を活かすため、個人として一営業マンにする。離れた場所に配置するなどが良いです。

テイカーは賞賛されることが好きなので、皆の前で表彰するなどすれば、より頑張るのではないでしょうか。

ギバーの方は上司に向いています。人を思いやる気持ちが強く、正義感

わかりやすいマッチャー

があります。ただ、数字が弱いので、営業職には向かないと思います。マッチャーはバランスをとれるのでサークルを作るなどいろいろと組織作りに向いています。

人を個々に分け、人として78億通りに分けるのではなく、特徴通りに行動しているのだと思うと、相手の思考が先読みでき、できる方が駆け引きしやすくなるというのが1つの特徴なのではないでしょうか。

そして、大事なことというのは、今お付き合いしている方が、どのタイプに属するのかを理解した方がお付き合いが円滑になります。不幸になっている方はそれを見間違えているからです。

そして、「ギバー」「マッチャー」「テイカー」をいかに人生に落とし込むことが最大の人生の分岐点になるのではないでしょうか。

有名人にはテイカーが多い

一番成功してお金持ちになるのはギバーであるといいましたが、テイカーの中にも株式投資のような仕組みをうまく利用して大金持ちになる人がいます。なので、テイカーに憧れる人は実は少なくないのです。

テレビに出ている有名人もテイカーが多く、こうした有名人に憧れている人もたくさんいます。芸能界は相手を蹴落とさないと自分が業界で上がっていけないので、自分の成功のために上へ上へとのし上がっていくテイカーには適した職業といえます。

第3章

魂と「ギバー」「マッチャー」「テイカー」の関係

なぜ、「ギバー」「マッチャー」「テイカー」という3タイプに分かれるのか

スピリチュアル的な話になりますが、この地球上の人々の魂は宇宙から来ているのです。

そして、個々の役割を持って地球を体験しに来ているのです。

ギバーは地球の精神性を上げにきているのです。

デザイナーや音楽家などのアーティスト関係にギバーが多いのはそのためです。

精神性を高めて波動を上げるために地球に来ているのです。

マッチャーは主に作業をこなすために来ています。サラリーマンやＯＬ

に多いのはそのためです。

テイカーは物質社会を上げに来ています。お金持ちになりたい！　良い車を買うなど、経済を回すためにこの地球に来ているのが特徴です。

２０２１年から時代は「地の時代」（物質社会テイカーの時代）から「風の時代」（精神的な世界ギバーの時代）へと移り変わりましたが、これまでの時代は物質面を上昇させることが必要でした。

「地の時代」は、日本でいえば幕末から明治、大正、昭和、平成の期間で、この時代は物質社会を創り上げる時期だったのです。富国強兵から第一次世界大戦、そして第二次世界大戦から戦後復興……人がより生きやすく、より豊かに暮らすためには、物質的に上げていかなければならなかったのです。

しかし「地の時代」以前の日本は、テイカー的な要素が少ない国だったのです。多くの国がテイカーによって創られたのとは異なり、日本の国だけはギバーである神々によって国創りが行われ、その系統を引き継ぐ天皇陛下をはじめとした皇室が国のトップにいたからです。

日本では、他の国とは異なり神様の概念もかなり曖昧で、神道と仏教が融合した信仰体系となっていたのも、ギバーの神様の影響でしょう。戦国時代という争いの時代はあったにしても、日本人は基本的に温和で争いを好まず、諸外国から比べると物質的には決して豊かとはいえないまでも、心豊かに暮らしてきた民族だったのです。それが一変したのが「地の時代」だったのです。

それまで鎖国政策をとってきた日本が開国をすると、諸外国から様々な文明が日本に入ってきました。外国の先進技術や学問、文化など多くのものが日本にもたらされましたが、それはテイカー的な要素も国内に引き入れることになったのです。

諸外国のように強い国にならなければならない、お金持ちの国にならなければならない……こうして日本は海外へと進出し、国はどんどん豊かになっていくわけですが、ある程度豊かになったところで全て奪われることになるのです。それが第二次世界大戦です。こうした背景はテイカーによって事前に仕組まれていた、ということなのです。

時代によって求められるタイプが変わっていく

かつて、戦後の日本に求められたのは資本主義の競争社会。物質的に豊かになるため、テイカーが良くも悪くも田中角栄元総理のような上級のテイカーが時代に求められていたわけです。そのおかげで今の社会はモノが溢れる豊かなものになりました。

「地の時代」は物質やモノが求められ、人をおしのけてでも上へと上がっていこうとするテイカーにはぴったりな時代でした。そのため、今よりテイカーが生まれてくることが多かったのです。この地球の仕組みを作ったのはテイカーです。だから、テイカーにとって生きやすい社会だったのです。ヒエラルキーもテイカーが作ったシステムなので、テイカーのポジションが高くなっていたのですが、今はバランスとしてはギバーが上のポジションになる時代が来ているのです。

今はギバーが25パーセント、マッチャーが56パーセント、テイカーが19パーセント、くらいになっていて、テイカーが少なくなってきています。これはテイカーが求められる「地の時代」が終わって、ギバーが上へと上がってくる「風の時代」に移り変わったためで、ギバーの割合が増えてきているのです。

モノが豊かになったので、物質的なものではなく精神的なものを上げていく時代へと変わってきました。ギバーは精神性が高く、物質ではなくアートや音楽、芸術でみんなを元気にします。上級のギバーは人々が求めるものを察知する能力が高いので、その時代を反映したものを世に送り出していきます。漫画やアニメを見ればわかりやすいのですが、昭和には『キン肉マン』や『北斗の拳』などの格闘ものなどが多かったのですが、今の時代にはあまり流行りません。大衆がそこに関心を持たないのは、国民の精神性が上がってきているからなのです。かつて人気だった『機動戦士ガンダム』や『宇宙戦艦ヤマト』がリメイクされていますが、戦闘シーンよりはストーリーが重視されたものになっていて「愛」がテーマになっています。争いよりも愛の方がテーマになってきているのは、波動が上がってきているからなのです。

「地の時代」は物質的な側面を上昇させる必要があったのでテイカーの人間が多く生まれました。しかし、今は「風の時代」に入ってからは精神性を上昇させることが求められるので、これからの時代はギバーの人間が増えていくことになるのです。

このように時代によって求められるタイプ、つまり魂が変わってくるのは、その魂がやって来ている星が違うからです。地球では種族が分かれてうまく融合していますが、「ギバー」「マッチャー」「テイカー」は、時代によって求められるタイプが変わるため、時代によって生まれてくる割合も変わってくるのです。

競争社会から個性を大切にした個々を高め合う社会へ

テイカーが求められた時代は競争社会で、人をおしのけてでも上へ上がっていこうとするテイカーにはぴったりだったわけですが、それも時代の移り変わりとともに変わってきています。

今の幼稚園や小学校、中学校は順位付けがすごく薄くなってきています。運動会の徒競走では勝ち負けを決めるのではなく、みんな1等賞……勉強も同じような傾向があります。

こうするとレベルがぐんと落ちてしまうのではないか、という懸念もありますが、みんな1等賞の方が、これから先の地球にとっては実はこの方がいいのです。これが本来、あるべき姿なのです。

順位付けとは争うこと、それは強いては戦争へとつながっていくのです。究極的には順位だけで人を判断することになります。そうではなく、勉強でも運動でも順位を決めるのではなく、個々で高めていくというカタチが良いのです。好きだからやる、自分自身を超えるためにやる……人と比べて競うことは好ましくありません。たとえば、スポーツも競争と捉えるのではなく、個々を高めるための方法と考える方がいいのです。

イチローがマリナーズを引退する時の会見が話題になりましたが、私もすごいなと感心しました。

「人より頑張ることなんてとてもできないのです。あくまでも、秤《はかり》は自分の中にある。自分なりにその秤を使いながら、自分の限界を見ながら、ちょっと超えていく……ということを繰り返していく。そうすると、いつの日か『こんな自分になっているんだ』っていう状態になって。

だから少しずつの積み重ねでしか、自分を超えていけないというふうに思うんですよね。

一気に高みに行こうとすると、今の自分の状態とギャップがありすぎて……それは続けられないと僕は考えているので。

まぁ、地道に進むしかない。進むというか、進むだけではないですね。後退もしながら、後退しかしない時期もあると思うので。でも、自分がやると決めたことを信じてやっていく」

イチローが言うように、自分を基準に地道に努力し続けて限界を少しずつ超えていく、ということはとても大切で、これこそが今の社会に求められていることなのです。

外にばかり目が向いている人ほど、野球選手は一流になりにくい。自分の打率の順位を気にして、順位が下がってきていると気持ちも落ち込みます。ところが本当に気にするところはそこではない、だから超一流になれないのです。

別の例を出すと、ある学童保育で「3円のみかんを10円で売りました。この7円は何といいますか？」という問題が出た時に、指導者は「搾取」と教えたというのです。この指導者は、絶対に会社経営者にはなれないのです。それだけでなく、会社経営者の自立の芽を潰そうとしているのではないか、とさえ感じます。「搾取されるのだから、あまり努力をしないサラリーマンになった方がいいよ」ということを言いたかったのかもしれませんが、お金を稼ぐのが悪いことという考え方は昔の方が強いのです。こういう考えの人の中にはお金持ちになった人に対して「あんな金持ちになりやがって」と嫉妬の気持ちを強く持ってしまう方もいます。けれど、嫉妬の感情はマイナス面が多いのです。

更に、こうした指導者ほど優秀な企業奴隷になってほしい、右向けと言われたら素直に右を向く人を作りたいのです。けれど、テイカーが求めるカタチの教育者は、これからの時代は必要ありません。

それぞれに果たすべき役割がある

テイカーは物質的な豊かさを、ギバーは精神的な豊かさをもたらす役割を担っていますが、社会全体を支える役割が必要になります。この役割を担っているのがマッチャーで作業者としての役割があるので、全体の中でも占める割合が大きいのです。作業者といってもブルーカラーだけでなく、ルーティンワークを確実にこなすホワイトカラーなどの業種も含まれ、人に合わせることが苦手で、得にならないことはやりたがらないテイカーとクリエイティブなギバーが携わらないもの以外を全てカバーしているのがマッチャーなのです。

人は生まれ持った魂で「ギバー」「マッチャー」「テイカー」に分けられ

ますが、それぞれに果たす役割というものがあるのです。

これは人間関係においても、同じことがいえるのです。ギバーにはギバーの、マッチャーにはマッチャーの、テイカーにはテイカーの果たすべき役割があって、それぞれの特性を活かしながら、うまく付き合っていくことでお互いを高めることもできるのです。

人間関係に苦しんでいるギバーはテイカーに関わらないことだ、と私はいいましたが、テイカーに関わることで頭脳を磨き、上級のギバーになることもできるのです。

人にはそれぞれ役割があって、それぞれの特徴をしっかりと理解した上で、お互いの特性を活かしていくことが大切なことなのです。

第4章

「ギバー」「マッチャー」「テイカー」の相対関係

ギバーは草食動物、テイカーは肉食動物

ここまで「ギバー」「マッチャー」「テイカー」の特徴や役割について話をしてきましたが、私はよくギバーを草食動物、テイカーを肉食動物にたとえています。これまでの物質社会・競争社会の中で自分が成功するために人をおしのけて上へのし上がろうとするテイカーは肉食動物そのもので、常に獲物を狙っています。肉食動物であるテイカーのターゲットとなるのは、その多くが下級のギバーです。

ギバーの中でも下級のギバーは相手を見極めることなく分け隔てなく人に与えてしまいますが、時には与えすぎてしまうことがあります。こうした下級のギバーはテイカーに狙われやすく、まさに肉食動物であるテイ

カーにとってはおいしい捕食対象で、テイカーによって全てを奪われてしまうこともあります。テイカーはギバーが与えるだけで自分からは奪っていかないことを知っているので、こっそりと忍び足ですり寄っていくのです。

自分のことを優先して、人のものを奪うテイカーはまさに肉食動物で、まるで「百獣の王」ライオンのようにどのタイプより強い、と思ってしまいますが、テイカーにもライオンのように天敵といえるタイプが存在します。それはマッチャーなのです。

マッチャーはバランスをとろうとするので、基本的には人に合わせることが得意で、どのタイプとも相性は決して悪くはありません。しかし、与えられたらその分を返そうとしますが、奪われた時は同じかそれ以上のものを相手から奪うという性質も持っています。ライオンの天敵といわれる動物の１つがカバですが、まさにカバのような存在なのです。

普段は大人しそうで、水中から目だけを出して周囲の様子をうかがっているカバですが、実はかなり獰猛で、襲われそうになると豹変します。同じようにマッチャーは常に周りの状況を見ながら、バランスをとろうとします。与えられたら、同じだけ返そうとしますが、奪われた時は豹変し、同じか、それ以上のものを相手から奪い取ろうとするのです。テレビドラマのセリフで流行語大賞にもなった「倍返し」がそれです。奪われたら、どんな手を使っても相手に報復し、必ず奪い返そうとするのがマッチャーの特徴の1つです。

マッチャーはその性質からサラリーマンなど勤め人が多く、自分が勤める会社の社長がテイカーで「社員はサービス残業するのが当たり前」と考えているタイプだった場合、こうした不当な労働条件下で働かされていると、内部告発や集団訴訟などを起こして奪われたものをしっかりと取り戻そうとします。テイカーは奪われることを非常に警戒しますから、こうしたマッチャーはとても苦手で、ライオンがカバに逆襲をくらった時のように尻尾を巻いて一目散に逃げ出していくのです。

また、テイカーは相手が権力を持っている人や、地位や名誉のある人の場合は尻尾を振るがごとく媚を売ることがありますが、こうした態度を見抜く目を持っているのが上級のギバーです。上級のギバーは心と頭の能力が高く、精神性の高い人が多いので、テイカーは動物が怖い時には尻尾を隠すように自分の本性を隠そうとするのです。このため、上級のギバーは下級のギバーのように、テイカーから標的にされることがないのです。

このように、それぞれのタイプには苦手とするタイプが存在するのです。

「ギバー」「マッチャー」「テイカー」の相対関係

基本的には、同じタイプの人同士、つまりギバーとギバー、マッチャーとマッチャー、テイカーとテイカーは相性の良い組み合わせです。同じタイプの人といれば価値観なども近いため、ストレスを感じることが少ないはずです。しかし、組み合わせによっては下級ギバーとテイカーのように相性が良くない関係もあります。下級のギバーはテイカーと関わると人間関係で苦しむ人が多く、とても相性が悪い関係なのです。

ここでは、こうした「ギバー」「マッチャー」「テイカー」の相対関係について話をしていきます。

テイカー同士は利害関係によって結びつきやすく、時代劇などでよく見

テイカーは人の上に立とうとする

られる「悪代官と越後屋」のように、お互いの立場を利用して周りの人から多くの利益を奪っていく悪役コンビになりやすい傾向があります。しかし、利害関係で結びついていることが多いので、うまくいっている時はお互いに「ノリノリ」なのですが、トラブルが起こった際にはお互いに責任をなすりつけ合うことになります。そして、お互いが利害を奪い合う間柄になると関係は悪化します。

会社の体質としては、営業会社

がテイカーの会社に当たります。完璧なヒエラルキーの組織になります。

マッチャーは基本的にはどのタイプとも「マッチング」することができます。しかし、相手が自分から何かを奪おうとした時は豹変するので、テイカーからは警戒されることもあります。

このように、ギバー、テイカー、そしてマッチャーには相性があるのです。相性が良いのはギバーとギバーの組み合わせで、お互いに与え合おうとしますからお互いに成長できる関係といえますし、揉め事になるケースもほとんどありません。

〈それぞれの相対関係〉

■ギバー×ギバー

相性が良い組み合わせといえます。

お互いに「与える」ことを本質としているので、知識や人脈などを共有して、それを活用して情報を得たりアイデアを生み出したりする相乗効果があります。ギバー同士では、トラブルになることがほとんどありません。

■ギバー×マッチャー

基本的には相性が良い組み合わせ。ギバーが上級クラスである場合、マッチャーが影響を受けて良い方向に導かれることもある。

マッチャーが与えられた分をきちんと返そうとするので、与えすぎる傾向にある下級ギバーも自分の利益を損なうことは少なく、安心して付き合うことができます。

■ギバー×テイカー

ギバーにとっての相性は最悪、テイカーにとっての相性は最高。

ギバーが我慢をし続け、疲弊してしまう組み合わせ。上級ギバーの場合は、基本的に関わりになることを避けることが多く、関わったとしても見切りをつけて自分から離れていく。また、テイカーも上級のギバーには自分の本性を見抜かれることを恐れて、自分の力をうまく発揮できないことも。

下級のギバーの場合は、相手に与え続けるだけの関係になるものの、相手の良いところを見つけて関係を保とうとすることになるので損をすることも多く、女性がテイカーの場合は、俗にいう「サゲマン」となる傾向もあります。

社長がギバー、社員がテイカーという関係の場合、社長は社員が会社に貢献している、と考えるが、社員は自分の会社でのポジションを狙って上へ上がろうとしているだけなので、役職を与えたら働かなくなる人が多い。

■マッチャー×マッチャー

お互いに与えたら返す「ギブアンドテイク」の関係が成り立つ。利害に対する考え方が一致しているので、基本的には相性の良い関係です。

■マッチャー×テイカー

自分の利益を優先するテイカーが相手でも、バランスを保とうとするマッチャーの場合は合わせることができるので、基本的には相性は悪くはない。上級のマッチャーがテイカーに利益を奪われた場合は「倍返し」などの対抗手段に出ることも。マッチャーはテイカーにとって天敵ともいえる存在。

■テイカー×テイカー

お互いの利害関係がうまく保たれる場合はとても相性が良い関係。ただし、利害関係が壊れた場合は、お互いの利益を守るだけでなく相手の利益を奪おうとするので大きな揉め事に発展することもある。

対人関係の悩みを解決するためには、まずは自分や相手がどのタイプに属するのか、を見極める必要があります。相手の特性を知り、どう対処していくのか、を知っていると対人関係はかなり楽になります。

親子でもタイプが違うと相性が悪くなる
子育ても特性を活かすことが大切

自分または相手がギバーなのかテイカーなのか、マッチャーなのかを見極めて、その相性から対応をしていけばいいのです。たとえば、自分が中級・下級のギバーならテイカーに関わらないのが一番です。マッチャーならギバーと接することで、ギバーに影響されて、ギバーの性質に近いマッチャーになることができます。

今は時代が変わってギバーが多くなってきていますが、基本的にギバーだけの地球になっていれば、詐欺などは起きなくなります。しかし、現状はそうではない。そこがわかっていないと被害をこうむることもあります。

スピリチュアル的な話になりますが、ギバーの女性がテイカーの子どもを妊娠するとつわりがひどくなるのです。身体が拒否反応を起こすのか、ずっと吐いている……ということもあるようです。1人目はそんなにつわりがなかったのに、2人目はつわりがあった、という人は2人目が自分のタイプと違う子どもであると考えた方がいいのです。

ある女性とお子さんを見た時に、女性はギバー、お子さんがテイカーだとわかったのですが、その時に「つわりがひどかったでしょ?」と、この話をしたことがあります。その女性は「上のお兄ちゃんの時はつわりがなかったのに、下の娘の時はひどくて……だから娘と合わないんだ……」と、すごく納得したようでした。子育てで苦労する場合というのは、自分とは逆のタイプの子を育てていることが多く、手に負えなくなって育児ノイローゼになる人もいるのです。

子どもが母親似か父親似かは魂の属性で変わるのです。私は母と顔が似ているのは、同じ星から来ていて魂の属性が同じで、同じギバーなので相性が良い。しかし、父と兄は多分同じ星から来ているテイカーなので、私との相性は良くないのです。これは魂の属性によるものなので、親子でもタイプが違うと合わない、ということはあるのです。

子どもと合わないから……と悩んでいるのなら、自分と子どものタイプを見極めて、それぞれの特性を活かしながら子育てしていけばいいのです。もし子どもがテイカーなら、競争社会の中にいる方が本人としては生きやすいので、競争させてあげることです。勉強でも、スポーツでも、習い事でも、とにかく1番になることを応援してあげるのです。1番になることより友だちともっと仲良くなってほしい、と自分では思ったとしても「勉強ばかりしてないで、友だちと遊んだら?」「自分だけが頑張るんじゃなくて、周りのみんなと仲良くやっていかないと……」と子どもに言ったところで、お互いの考えが元々違うので、思い通りにならなくてイライラしてストレスがたまるだけです。この子はこういうタイプの子なんだ、と受け入れて「1番すごい！」って褒めればいいのです。

そして、結果を出すまで頑張ったら、おもちゃを買ってあげるよ、といった感じで報酬を出してあげるのです。そうすることでテイカーの子どもはさらに頑張るようになるはずです。

子どもがギバーだったら競争をさせるようなことはせず、ピアノなどの音楽や絵、バレエなど感性を磨くことができるものをやらせてあげると、その能力をうまく引き出すことができます。

しかし、親子や兄弟、親族の関係は特に感情的になってしまうことがあるので、一度こじらせるとなかなか修復できないことがあります。親子関係だけではありませんが、仕事でもプライベートでも感情的になってしまうと冷静に判断することができなくなってしまうので、相手をきちんと見極められなくなってしまうのです。

人を見極めるためには、冷静な目を持つこと、そして、きちんと相手を見極めて対処していくことが大切です。

子育ての時にも、自分の子どもがマッチャーなのか、テイカーなのか、ギバーなのかを冷静に見極めていくといいのです。持って生まれたものは変わらないので、これを活かして能力アップにつなげていくことが子育てでは大切です。

第5章

よりよく人生を生きていくために必要なこと

相手を冷静に判断して見極めることが大切

人には持って生まれた魂によって3タイプに分けられますが、それぞれの組み合わせによって相性があるので、対応の仕方は変わってきます。

たとえば、テイカーに関わることで苦しんでいるのなら、相手を見極めてテイカーを排除していくのが一番早い解決方法です。

ただ、これの見極めがなかなか難しい、と感じている人もいるはずです。

テイカーに苦しめられているのはギバーですが、ギバーにも上級・中級・下級があって、上級のギバーは相手を見極める力やきちんと自分の利益を考えることができるので、テイカーによって自分の利益を奪われる、ということが少ないのです。

横軸と縦軸の図

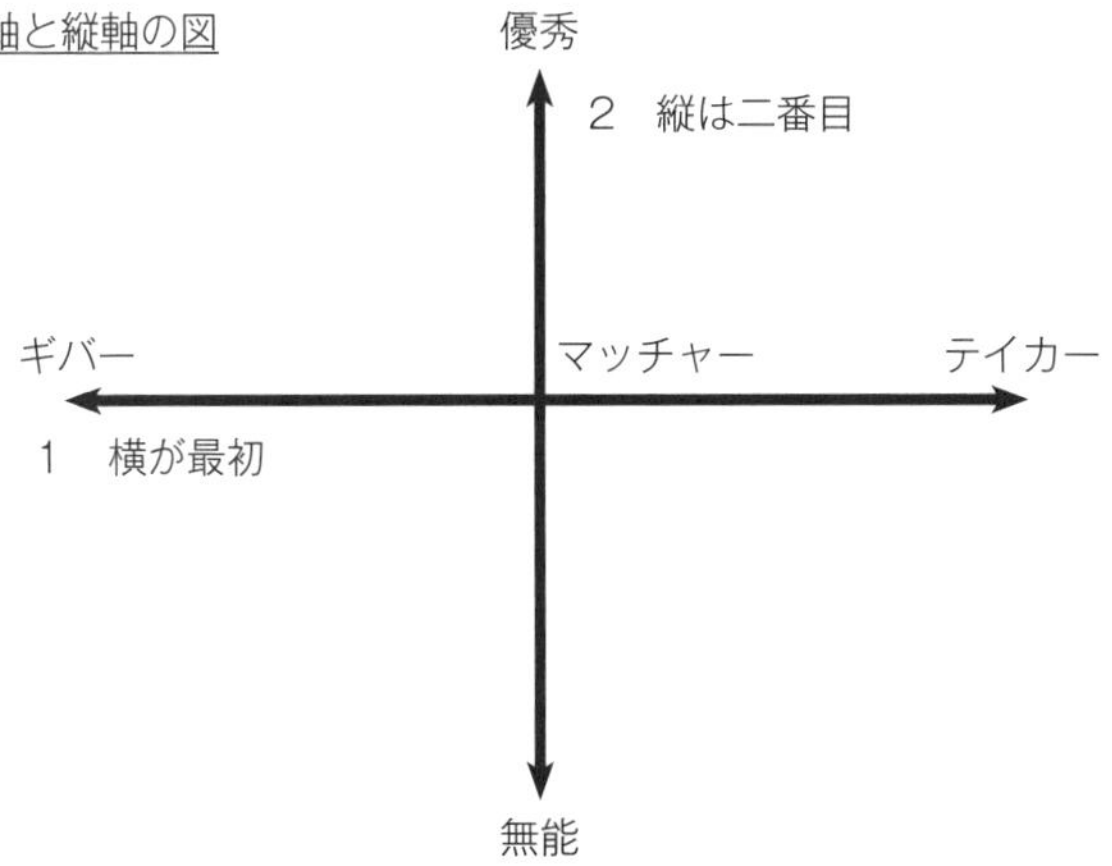

※必ず横から見ること
ポイントは必ず優秀から見るのではなく、人間性から見ること‼

しかし、中級・下級のギバーは人のことを考えすぎてしまうので、疑うことなく相手をそのまま信じてしまったり、感情移入してしまって相手を冷静に判断できなかったりすることが多いのです。なんとなくテイカーっぽい雰囲気あるなと思ったら、この本に書いてある特徴を当てはめてから行動していけばいいのです。

横軸、縦軸の話をしましたが、人を見極めるときはまずは横軸、縦軸を見るのです。

まず横軸から見ていくのですが、その行動からギバーかテイカーかマッチャーを見て、それから上級・中級・下級のどこの位置にいる人なのかを見ていくのです。この時に、相手がテイカーだとわかったら、いくら優秀な人だと感じても排除していくか距離を縮めないという対応をするべきです。また、テイカーは外見でもある程度、判断することはできるのです。目つきが鋭いとか、声が低い人はテイカーが多いです。こうしたことも、テイカーを判断する1つの材料となります。

そして、この人はほぼテイカーだな、と思った時に名刺交換してみる。相手の態度がテイカーの特徴的な行動だったらテイカーだと確定して対応していくことです。

しかし、テイカーにも上級・中級・下級のテイカーがいて、上級のテイカーは上級のギバーとはじめは見分けがつかないこともあります。

上級のテイカーは名刺交換の時も「どのようなことをされているのですか？」と丁寧に対応してくるので「あれ？　テイカーの行動じゃないな」と思ってしまうこともあります。このように、上級のテイカーは行動のパターンなどもギバーのように行動してくることがあるのです。この時は横軸の本質ではなく、縦軸で考える。上級の人だな、と考えるようにするのです。どこまでも疑った方がいいのです。「疑うのは悪いこと」と考えている人もいるかもしれませんが、自分を守るためにはまず疑った方がいいのです。私はこの行動をずっとやっていて、笑顔で疑うのです。だから、私が人を見る時はまずは疑っている、と気づいている人はいないと思います。疑う、というと語弊があるかもしれませんが、冷静に相手を判断して見極めるための行動の1つ、というべきかもしれません。

ギバーは与え過ぎると破滅する
相手を見極めて与えるギバーが成功する

ギバーだったら与え過ぎない、ということも大切です。そして、テイカーは与えてもらうが当たり前だと考えているので、与える人をきちんと選ぶことです。ギバーは、自分で得た利益をすぐに人に与えてしまうので破綻しやすいのです。あげる人を厳選し、自分の利益についてもきちんと考えるべきなのです。一番成功してお金持ちになるのはギバーですが、一番貧乏になるのもギバーなのだからです。

ここで、成功するギバーと失敗するギバーの例を童話のお話から見てみます。

バランスが大事!!

『小公女』と『幸福な王子』という童話を比較してみましょう。

『小公女』の主人公はイギリスの裕福な家庭に生まれた女の子で、たった1人の家族である父親を亡くして、自分が通っていた寄宿学校で貧しい下働きの暮らしを送ることになります。ある日、街に買い物に出かけた時、道でコインを拾います。お金を拾って近くのパン屋さんに届けた主人公は、どうせ持ち主はわからないのだから、と言う女主人に勧められて、そのお金でパンを買うことに。
とても空腹だった主人公は喜んで、パンを手に入れて店を出ますが、店先にいたホームレスの女の子を見かけるのです。自分もお腹が空いているにも関わらず、主人公は手に入れたパンを1つだけ手元に残して、あとは全て女の子にあげてしまうのです。

『幸福な王子』の主人公は、両目がサファイヤ、全身は金箔でできた銅像。この銅像にはこの国でみんなに愛されながらも若くして亡くなった王子の魂が宿っていて、王子は街の人々の貧しい暮らしを嘆き、たまたまやってきたツバメに自分の体にある宝石や金を貧しい街の人々に届けてほしい、と頼みます。自分が持っていた全てを街の人々に分け与えた王子の美しかった銅像は、やがて剥がれ落ち、街の人に見向きもされなくなってしまうのです。

この2人の主人公は、人に与える、という点においては同じギバーです。しかし『小公女』では自分が得たパンを自分の分はきちんと確保しながら人に与えています。しかし『幸福な王子』は自分が持っている全ての財産を全て人に与えてしまうという点に大きな違いがあります。

それぞれの話の結末は『小公女』の主人公は優しい行いとこれまで出会った人のおかげで、最後には世界最大のダイヤモンド鉱山のオーナーとなるのです。これまで世話になった人々に自分が得た財産からお礼をして新天地へと旅立っていくのですが、父が生きていた時には媚びていたのに、亡くなったと知った途端に主人公の持ち物を全て取り上げて下働きとしてひどい仕打ちをした寄宿学校の校長には一切お礼はしません。そして、院長は副院長である妹から「もっとちゃんとお世話をしていたら、この学校にも彼女なら寄付をしてくれたはずなのに。お姉様のせいよ」となじられることになるのです。

一方、自分が持つ全てを与えてしまった『幸福な王子』は焼却され、燃え残った鉛の心臓はゴミ捨て場に捨てられてしまうのです。

この2つの話は、人に与えることを本質とするギバーは大きな成功を手に入れる一方、際限なく与えてしまえば破綻してしまう、というギバーの特徴を表しているといえます。

際限なく与えるのではなく、自分の利益もしっかりと考えながら、与える相手を厳選すること、相手が自分から奪ってしまうテイカーなら自分も与えない、これこそが成功をするためには必要となるのです。

心理学者のアドラーは「自分だけでなく仲間の利益を大切にすること。受け取るよりも多く、相手に与えること。幸福になる唯一の道である」と言いましたが、これは自分が持っているものを全て与えるということではなく、仲間はもちろん、自分の利益も大切にしなければならない、ということも言っているのです。ただただ与えすぎると、そこには破綻が待っているのですから。

また、与え続けることで自分だけでなく、国が滅亡するきっかけを作った人物が歴史上にいます。それは、世界三大美女の楊貴妃を寵愛した唐の玄宗皇帝です。

中国史上唯一の女帝である武則天を祖母に持ち、第３子でありながら、とにかく優秀であったために皇太子であった兄から帝位を譲られた玄宗皇帝は、税制改革をはじめとした治世で唐の絶頂期を築いた人物です。しかし、楊貴妃と出会ったことで、その人生が大きく変わります。

もともと帝位を譲ってくれた兄に対しては常に敬意を払い、その行いから「やりすぎ」と臣下から批判されていた、ということからも人に与えすぎる傾向があった玄宗皇帝ですが、楊貴妃に出会ってからはとにかく楊貴妃を喜ばせるために多くの宝飾品や着物などを与え、楊貴妃のための機織り職人などを何百人と雇っていたのだといいます。

ある時、臣下から贈り物をもらった楊貴妃はとても喜びます。それを見た玄宗皇帝は喜んで、その臣下に上の位の役職を与えたのですが、これを知った他の臣下も楊貴妃に貢物をし、そのたびに役職を与え続けていくのです。そして、楊貴妃の兄弟や親戚に至るまで、地位や財産を与えていきます。

こうしたことがきっかけとなって起こった反乱によって唐は滅亡の道を進んでいくのですが、内乱が起こって逃げる際には、楊貴妃の親戚で宰相であった楊国忠が宝物庫を焼き払おうとしたのを「賊が宝物を得られなければ、今度は民への略奪が激しくなる」といって止めさせた、というエピソードも。分け隔てなく自分が持っているものを全て与えてしまうギバーだといえます。

ギバーは心の能力が高いので、相手のことを考えて与えてしまう性質を持っていますが、ここまで与えすぎると、自分だけではなく国そのものを破綻させる結果となってしまう、ということなのです。

ちなみに、楊貴妃については絶世の美女であったことや才智があり、音楽や舞踊など多彩な才能に恵まれていたといいますが、史実ではあまりどのような人であるのかがわかっていません。玄宗皇帝から「何か欲しいものはないか」と聞かれた時に「ライチが食べたい」と言った、というエピソードはありますが、歴史上に出てくる悪女といわれる他の人のように権力を求めたり、宝石などの高価なものを欲しがったりすることはなく、良い人であったともいわれています。

しかし、結果として玄宗皇帝から全て奪い、唐という国を滅亡へと導くことになるのですから、一見するとわからない上級のテイカーだったのかもしれません。

魂の鍛錬をしていかなければならない

ギバーが一番お金持ちになる、と言いましたが、それはギバーが一番努力や苦労をするからです。いつも努力をし続けて、成長をしたギバーが一番成功する、と私は思います。人の特性、つまりはギバーか、マッチャーか、テイカーか、ということは生涯変わることはありませんが、能力の部分は日々の努力で下級から中級、中級から上級へと成長することができるのです。こうして成長した上級のギバーは、相手によってマッチャーのように対応できる術を持つようになります。ギバーの本質は与えることですが、成長した上級のギバーは奪われたらマッチャーのように奪い返すことができるようになるのです。

これはテイカーにとっては、最悪の天敵となります。元々マッチャーはテイカーにとっては天敵で、その術を身につけた上級ギバーは、それ以上に厄介な存在となります。

だから、成長した上級のギバーにはテイカーが近寄ってこなくなります。生まれ持った特性は変えることはできませんが、魂を鍛錬することで、より多くの能力を身につけることができるようになるのです。

そのためには、「ギバー」「マッチャー」「テイカー」の特徴をよく知り、その特性で良いところを吸収していけばいいのです。これが魂を鍛錬する、ということです。

ギバーの成長は、まず1つは頭の回転速度を上げること。そして、ギバーの価値観を少しやめることです。「ギブした方がいい」とギバーは誰しも思っています。しかし、それをやるから破綻するのです、際限なく全部あげてしまう人がいますから。与える人を見極めることが大切なのです。

ギバーは心の部分の能力は高いのですが、頭の部分の能力は上級、中級、下級かによって大きく異なります。成長のためには、この頭の部分の能力を鍛える必要があるのです。そのためには、できるだけ相手を素早く見抜く目を持つこと、その目からもらった情報を瞬時に判断できるように頭の回転を上げることが大事です。

そして、特にギバーの人は、人のことを信用しないようにすることです。まずは疑うこと。誰でも信用して与えていけば、テイカーに狙われて全てを失うことにもなりかねません。そのためには、これまでのように頭から人を信じないようにすることもポイントとなります。

また、見極める力を養うためには、本物を多く見ること、ふれることも大切です。前に絵画を扱っている画商の人と話をしたことがあるのですが、どうやって本物と偽物を見分けているのか、ということを聞いたことがあります。

（島尻）「偽物ってわかるものなのですか？」

（画商）「わかりますよ」

（島尻）「どうやったらわかるものですか？」

（画商）「島尻さん、１万円札を持っていますよね？」

（島尻）「持っています」

（画商）「ほぼ毎日、長年にわたって使っていますよね。いつも使い続けていたら、偽物があったら違和感を感じるはずなのです。絵も同じ。いつも本物に接していれば、偽物を見たら違和感を感じるものなのです」


実際、その人は自分が購入した、それほど有名ではない画家の絵を鑑定に出した際に、３社に依頼をしても「見たことがない」と断られたのですが、最終的には本物だった、ということがあったらしいのです。この話を聞いて、本物に接することの大切さを痛感しました。

「内面の才能」を大切にすること
感情に振り回されないこと

私は「内面の才能」と呼んでいますが、この才能を大切にしなければいけません。

人にどんな才能があるのか、ということは自分ではよくわからないものです。「心に素直に生きなさい」と言われても、意外に本人にはわからないものです。

たとえば、バスケットが好きだから将来プロになりたい、と考えたとして、本当にその才能があるのかは、なかなかわかりません。本人の身長が160センチメートルだったとしたら、バスケット選手では決して有利とはいえません。それどころか、不利になる可能性の方が高いはずです。この時に「好きだから」という理由だけではダメなのです。感情が入ってしまうと客観的に見られなくなってしまうのです。

身長が低くても、瞬発力が人並み以上にある、とか跳躍力がすごいとか、スタミナがとんでもなくある、という客観的に人よりも優れていることが自他ともにあればバスケット選手として活躍することも可能かもしれません。しかし、こうした客観的な判断材料がないのに「ただ好きだから」では一流選手になることはできません。あまり好きではなくても、サッカーだと一流選手になれるかもしれない。

感情が入ってしまうと、本当の才能に気づかないことが多いです。人はどうしても「やりたいこと」に目が向いてしまいがちで、それで失敗してしまうことが多いのです。

人が本来持っていて、本人が気づいていない「内面の才能」は、幼少期にできることが多いのです。この頃に賞を取るほど絵がうまくて、誰からも褒められるようなタイプの人は、こうした才能を生かした職業に就くべきなのです。この人の場合は、画家を職業にすればいいのですが、本人はデザイナーになりたい、と考えているとします。本来向いていないデザイナーになろうとするからうまくいかないのです。ここで「画家」と「デザイナー」とは同じようなもの……と思う人がいるかもしれませんがやっていることが大きく異なります。

画家とは自分が描きたいものを描く仕事です。感性がとても大切で、基本的に人から指図をされて描くものではありません。感性を大切にするギバーには向いている職業の1つですが、上級のギバーなら人が求めていることがわかるので売れる絵描きになって、お金持ちになることもできます。

デザイナーは基本的にクライアントから求められるものを制作するのが仕事ですから、クライアントの要望に応じたものを創らなければならない、という前提があります。もちろん感性も必要ですが、自分だけの感性を100パーセント活かすことはできませんから、どこか我慢をしながら仕事をすることになります。そのためにいつもストレスを抱えることになり、自分の才能を引き出すことができないのです。

この人の場合は、人から指示をされて何かを創り出す仕事より、自分の感性を生かした画家の方が本来は向いているのですが、そこに気づかず「デザイナーになりたい」という感情が先立ってしまっているのでうまくいかないのです。

本当に自分の才能に向いていることと、自分がやりたいことは違うことが多いのです。自分が本当に向いていること、自分の「内面の才能」に気づくことも、人生を生きやすくするポイントだといえます。

これからは波動が上がって次元上昇する時

これからはテイカーが生きづらくなってくるはずです。それは、時代の変化とともに、みんなの波動が上がって、地球が変化（アセンション）しているからです。

ギバーは、次元を上昇させ、愛と調和を届けるために次元の高い星から魂を送り込まれました。こうしたギバーは「地の時代」から「風の時代」に移り変わって、だんだん増えてきていて、目には見えない価値が大切にされる時がやってきて、精神性が高まっているのです。

音楽も最近では、ヘヴィメタルはあまり聴かれません。波動が低いものは流行らなくなってきているのです。過去においては今のクラシックが流行っていた音楽でした。そして、バッハとかモーツァルトなど「天才」と言われる人たちが次々と輩出されました。当時はあの音楽を使って、波動を高める人たちが多く存在していたのだと僕は思っています。

こうした人々の魂は、地球にやって来てその役割を果たすと、もといた星へと帰っていくのです。そして、今またこうした高次元の魂を持った人が地球にやって来ているのです。

音楽家　バッハ

これからの時代は、波動が上がって次元上昇する時なのです。そのための魂が、今多く地球に訪れています。

これからの時代に必要なのは、波動を上げていくこと。そのためには魂を鍛錬し、そして覚醒していかなければならないのです。

そのためには松果体を目覚めさせればいいのです。松果体は真実に気づきやすい器官で本物か偽物かがわかってしまう、つまり違和感を感じることができるのです。

東京大学名誉教授の矢作直樹先生は、本を年間3万冊読むらしいのですが、まずは手をかざして、エネルギーを感じて、そこから開けるのだそうです。私が思うのは、矢作先生は本物か偽物かを松果体で感じているのではないか、ということです。エネルギーが悪い物ははじめから松果体で感じることができません。

本物を見極めるためには、自らを成長させて覚醒をさせることです。人には持って生まれた特性があって、それを変えることはできません。しかし、自分が成長することで、自分と違うタイプの良いところを吸収して、自分の力にすることができるのです。

そうすることで、人付き合いによる苦しさや人間関係によるトラブルを回避することができて、人生が生きやすいものへと変わります。

これからは、波動が上がり次元が上昇します。この良い環境の中で、自らを覚醒することこそが、幸せに生きていくためには大切なのです。

これからは本物の愛と調和が求められる時代に

これからは愛と調和が求められる時代です。「ワンネス」、全ては1つ。それが良いのです。

しかし今の世の中は、テイカーが自分たちの都合の良い愛や調和が溢れていて、人はそれに洗脳されているのです。テイカーが今の社会の仕組みを作っているので、テイカーにはとても生きやすい時代ですが、これからはこうした作りものの愛や調和ではなく、本物の愛と調和が求められてくるのです。

こうした本物の愛と調和のためには、人は本物と偽物を見分ける正しい目を持たなくてはなりません。そして、その目を養うためには、客観的に物事を判断し、冷静に見分ける高い能力が必要となってくるのです。

テイカーが作り出した偽物ではなく、ギバーが作り出す本物の愛と調和……これこそがこれからの時代には求められるのです。

今の地球には、「ギバー」「マッチャー」「テイカー」が融合した状態で存在しています。そのバランスがこれからは変わってきます。

もちろんギバーだけの地球になれば、次元上昇しやすくなりますが、すぐにその状態になることはありません。まだまだそれぞれに果たすべき役割が残っているのです。

そのため、それぞれの特性を理解した上で、良いところをお互いに学びながら魂を鍛錬し、そして覚醒していくこと、これが今の地球に求められているのではないか、と私は考えます。

人間関係で苦しんでいるのなら、まずは自分のタイプを知ること、そして相手を知ることです。愛と調和を持って、人に接していけば、悩みはやがてなくなるはずです。

人は一気に高みに登ることはできません。少しずつ少しずつ努力していくことで、気づけば「こんなところに自分がいる」とやがて知ることになるのです。

第6章

それぞれの特徴から上級を目指すには

タイプ別の上級への目指し方

それぞれの「ギバー」「マッチャー」「テイカー」という3タイプに分けられることがよくわかったと思います。もしわかりにくい方は自分の身の回りの人、親、友人、職場の上司などを分類に当てはめるとよくわかるのではないでしょうか。その中で、自分のタイプがわかった場合に、どのように上級を目指すのか、そこが人生の大事なポイントとなります。

〈ギバーの上級を目指す方法〉

まずギバーの方の特徴として、人間性としてとても強い傾向にあります。自分の人としての感覚ではなく、この場合だったら相手がどう動くのかなど考えて行動や発言をしてみてください。

たとえば、
相手がギバーの友だちであれば、素直に話をしてみてください。

相手がマッチャーの人であれば、わかるように伝えてみてください。

相手がテイカーであれば、相手のメリットがあるように交渉してみてください。

ギバーの方と結婚したいなら、素直に自分の気持ちを伝えてみてください。

マッチャーの方であれば、どれくらい自分が頑張ってきたのか、どういう過程なのかを伝えてみてください。

テイカーの方であれば、その人にとっても大変メリットがあるように伝えてください。

〈マッチャーの上級を目指す方法〉

マッチャーの方は、個々人の能力自体はそんなに高くありません。

ただ、人をまとめる、調和をとるというところでは、非常に高い能力を発揮します。

ですので、多くの方を従えていく、組織作りに取り組むのが良いのではないでしょうか。

〈テイカーの上級を目指す方法〉

テイカーの方は基本的にヒエラルキー型を作るので、人の上に立つと、上からものを言う習性があります。ここが人に嫌われる性質なので、それを出さないようにしてください。表情や態度に出さないようにしてくださ い。

テイカーが社長になると、人にマウントする傾向が高いので社員の離職率が高い会社がうまれやすいです。

対策としては、優秀な2番手を抱え込むことです。

その2番手はマッチャーかギバーが良いです。

そして、テイカーは非常に学ぶ能力が高いので、優秀な上司や同僚といることで、本人がどんどん成長していきます。

〈タイプ判別後の交渉詳述編〉

相手がギバーとわかれば、内容よりも人間性を見られます。

相手がマッチャーとわかれば、理屈立てて説明をしてください。

相手がテイカーとわかれば、思いっきりオーバートークをしてみてください。

なお、テイカーは疑う気持ちが強いので、しっかりとした資料を用意してください。

【チェックリスト】

次のチェックリストを使うと本質的にどのタイプの傾向が強いのかを知ることができます。

A　人と会話をする時、いつもどんなことを心がけたり、考えたりしていますか。

1　自分のことより相手のことを考えて話を聞いたり、発言したりしている。

2　常に周りと話を合わせるように心がけている。

3　人の話を聞くより自分のことを話していることが多い。話の中心は自分のことでないと面白くない。

B　権威や権力のある人に対して、どのように接していますか。

1　相手によって態度を変えることはない。

2　相手の立場や状況に応じて、人に接するようにしている。

3　相手が自分より権威や権力がある場合は、腰を低くして接するようにしている。

C　人の外見は重要ですか。

1　あまり気にしない。それよりも心や性格が気になる。

2　どちらでもない。

3　自分の身なりについても、人から見られて恥ずかしくないよう心がけている。

D　人からの評価が気になりますか。

1　あまり気にしないが、人からは嫌われないように行動をしようと心がけている。

2　気になる時もあれば、それほど気にならない時もある。

3　とても気にする。特に目上の人、上司、尊敬できる人の目は特に気になる。

【相手（異性）のチェックリスト】

A　接し方編

1　こちらのことを理解してくれようとして接してくる。

2　理解してくれようとしてくれる時もあれば、そうでもない時もある。

3　全く気持ちをわかろうとせず、自分の話ばかりをしてくる。

B　デート編

1　自分の行きたい場所よりもあなたの行きたい場所を優先してくれる。

2　自分の行きたいところに行く時もあるが、優先してくれることもある。

3　自分の行きたいところばかりに行く。

C　食事編

1　あなたの好みを聞き把握してくれる。

2　自分の食べたいものと相手の食べたいものを交互に頼む。

3　自分の食べたいものばかりを主張する。

D　待ち合わせ編

1　待ち合わせ時間には10分前行動をしている人。

2　遅刻をしないように行動している人。
3　遅刻しても謝れば済むと思っている人。

E　SEX編

1　あなたが喜んでくれるようにしている。
2　自分がよくされたら相手にもしようとする。
3　自分勝手な行為をする。

F　会社編　上司編

1　いつも気さくに挨拶をする。
2　こちらが挨拶をしたら挨拶をしてくる。
3　おはようとそっけなく言ってくる。もしくは挨拶をしない。

G　会話編

1　こちらに対して傾聴してくれる。

2　こちらが傾聴したら傾聴してくれる。

3　傾聴せず、上からものを言ってくる。

H　ランチ編

1　行きたいお店を聞いてくれる。

2　前回はあなたの好きなところに行ったから、今回はこちらの行きたい場所にする。

3　黙ってついてこい。

I　仕事の対応

1　あなたの意見や仕事ぶりを聞いてくれる。

2　気持ちをくみながら、指導してくれる。
3　決まった型にはめ込む。

J　友だち編

1　自分のことを常に考えてくれる。
2　自分のことも聞いてほしいが、あなたのことも考えてくれる。
3　自分のことしか考えてない。

K　ライン編

1　気遣いのラインが多い。
2　気遣うラインも多いが、自分のことを話すラインも多い。
3　一方的に自分の都合のラインばかりがくる。

L　予定編

1　基本的には、こちらの都合を聞いてくれる。
2　都合を聞いてくれる時もあれば、自分の都合を言ってくる。
3　自分の都合ばかりを言う。

このチェックリストでは、1はギバー、2はマッチャー、3はテイカーの特徴を表していて、1が多い人はギバー、2が多い人はマッチャー、3が多い人はテイカーである可能性が高いといえます。

おわりに

私がこの本を書こうと考えたのは、あまりにも多くの人が人間関係に悩み、そして苦しんでいるのを身近で感じたからです。

いつも損ばかりしているのなら、まずは人を信用しすぎず、冷静に人を見る習慣を身につけることです。

損ばかりしている、という人は、他の人に必要以上に与えすぎてしまっていたり、人の良いところばかりを探そうとしたりしてしまいがちです。しかし、これでは人は幸せになることはできないのです。

人は感情の生き物です。それが人であり、人の感性を豊かにしています。しかし、それが人の良いところでもあり、悪いところでもあるのです。私は人を冷静に判断し、時には人からすると「冷たい」と感じるような態度で接することもあるかもしれません。私は人の本質を客観的に見極めることで、その人が持つ特性や能力を正しく判断しようとしているからなのです。

人を冷静に判断し、どういう人かを見極めること。そして、相手がどのようなタイプの人なのかを知ることで人間関係はかなり楽になります。そのためのヒントを本書には盛り込んでいます。

レムリア時代やアトランティス大陸など……

過去に、文明が発達しすぎたことで、人々が精神性を失い、大陸が滅びてきました。

それと同じようなことが、今この地球で起きています。

今まさに、地球が生まれ変わろうとしているタイミングで、物質社会である3次元の世界から次元上昇していくために、私たちは、心を磨き、精神性を高め、平和と愛と調和で生きることが求められています。

一人でも多くの方がこの大切さに気づき、必要な仲間と共に手を取り合って生きることで、今まで現実に見ていた世界とは違う世界へと、次元がシフトしていくのです。

今回の本を読んでいただいて、地球上の78億人は大きく分けて『ギバー』『マッチャー』『テイカー』の3種類のグループの魂に分けられ、それぞれの魂は宇宙にある別の星から来ていることがおわかりいただけたかと思います。そして、人との関係性も目に見えない力が作用しているということを、理解していただき、お役に立てれば嬉しく思います。

私は、毎月必ず、神社にお参りに行っておりますが、私が鑑定してきた数多くの経営者の成功している方々は、必ず神ごとを大切にしておりますし、神社に行って大きなお金を奉納しています。人生を豊かに生きている多くの成功者は目に見えない力の大切さを肌で感じているのかもしれません。神ごとを怠っている方ほど、体調を崩したり、会社の業績が落ちたりなど、不幸な道を辿っている方もたくさん見てきました。

皆さんも目に見えない力や繋がりを、本書を通しておわかりいただけたら嬉しいです。

人にはそれぞれ魂の目的というものがありますが
魂の本質に気づくと本当の自分と繋がることができますので、
魂の仲間と共に心地よい環境に囲まれた素晴らしい世界で過ごすことができます。

一人一人の皆さまの気づきと成長が、この地球全体の波動をあげて
皆様の愛溢れる幸せに繋がることを願っています。
この本を手に取っていただいた多くの皆様に心から感謝いたします。

島尻　淳

スピリチュアルカウンセラー・アントレプレナー

プロフィール　島尻　淳

HP　http://shimajiri-jun.com/

〈企業顧問・個人鑑定　問い合わせ先　ワンネス事務局〉

MAIL：79oneness@gmail.com

鑑定はご紹介のみとなっておりますが、皆様の開運！と神社復興を目指した“本気で開運神社ツアー！”にお越しいただきご縁をいただいた方に関しては、ご紹介可

〈島尻淳　オンラインサロン　引き寄せ実践塾〉

（毎月２回 各１時間 動画配信　キャンプファイヤー）

自らを変えていくにはシンプルな努力と毎日の習慣が大切。サロンでは“ポジティブな引き寄せ”を確実にマスターし、正しい思考クセを身につけることができる

お申し込みサイト

https://camp-fire.jp/projects/145480/preview?token=2ymt011q

〈空間浄化・抗菌スプレー／スピリットリチュアル SPIRIT RITUAL〉

HP　http://spirit-ritual.com/

Instagram ↓↓

https://instagram.com/spiritritual_jp?igshid=13s2c89h8u0ar

島尻淳の LINE @

友達追加 URL　https://line.me/R/ti/p/%40shimajiri-jun

Instagram ↓↓

https://www.instagram.com/p/B_a02zeHSlU/?igshid=169tvz2t82c0lq

Facebook ↓↓

https://www.facebook.com/jun.oneness.9

ギバー・テイカー・マッチャー

令和3年10月22日　初版発行

著　者　　島尻淳
発行人　　蟹江幹彦
発行所　　株式会社　青林堂
〒150-0002　東京都渋谷区渋谷3-7-6
電話　03-5468-7769
装　幀　　（有）アニー
印刷所　　中央精版印刷株式会社

Printed in Japan

ISBN 978-4-7926-0712-8

みんな誰もが神様だった

並木良和

目醒め、統合の入門に最適。東大名誉教授矢作直樹先生との対談では、日本が世界のひな型であることにも触れ、圧巻との評価も出ています。

定価1400円（税抜）

失われた日本人と人類の記憶

矢作直樹
並木良和

人類はどこから来たのか。歴史の謎、縄文の秘密、そして皇室の驚くべきお力！壮大な対談が今ここに実現。

定価1500円（税抜）

新型コロナウイルスへの霊性と統合

並木良和
矢作直樹

中国・武漢を発端に全世界に急激に広がった新型コロナウイルス‼日本政府はどう対峙するべきか？　そして中国はどうなるのか。

定価1200円（税抜）

アフター・コロナの未来ビジョン

矢作直樹
並木良和

コロナを怖れるばかりではなく、世界の実状を知り、ひとりひとりが霊性に目醒めることが重要となる。

定価1400円（税抜）